JN025353

# 保険法と要件事実

## 法科大学院要件事実教育研究所報第19号

田村伸子 [編]

日本評論社

# はしがき

　法科大学院要件事実教育研究所は、2020年11月28日に「保険法と要件事実・講演会」を開催しました。本書は、同講演会のための講演レジュメ、コメントなどとともに講演会当日における講演・コメント・質疑応答などのすべてを収録したものです。

　本年度が始まろうとする時期に我が国でも新型コロナウイルスの感染拡大がみられ、未知のウイルスへの恐怖から、講演会の開催自体を危ぶむ声も聞かれましたが、関係者の皆様のご理解・ご協力を得て、初めてオンラインでの開催が実現しました。

　法科大学院要件事実教育研究所は、本講演会を開催するに当たって各方面にお出しした案内状において、本講演会開催の趣旨を次のように述べています。

　「要件事実論における重要な課題として、裁判における主張立証責任対象事実の決定基準をどう考えるべきかの問題があります。この主張立証責任対象事実の決定のための最終的基準は立証の公平（立証責任の負担の公平と同じ意味です）に適うことであると考えられます。

　しかし、この「立証の公平」というものの具体的内容については、すべての法的価値判断がそうであるとはいえ、多様な意見がありうるところであります。

　特に、今回のテーマである保険法の分野においては、保険の種類も多岐にわたり、訴訟において問題となる側面も様々です。要件についても法律のみならず約款等でも定められています。要件事実論の視点からいうと、保険法において問題となる要件の多くは、その要件の中に評価を含むものであって、保険金請求者と保険会社とが、それぞれに、どのような評価根拠事実・評価障害事実について主張立証責任を負い、その総合的判断をどのようにするかという問題があり、その適正な判断については非常な困難を伴うように思われます。

　要件事実論における重要な課題として、裁判における主張立証責任対象事実

の決定基準をどう考えるべきかの問題があります。この主張立証責任対象事実の決定のための最終的基準は立証の公平（立証責任の負担の公平と同じ意味です）に適うことであると考えられます。

そこで、本年度は、「保険法と要件事実」というテーマで講演会を開催することといたしました。」

以上のような趣旨のもとに、保険法の分野において優れた業績を挙げておられる研究者・実務家の各位を講師・コメンテーターとしてお迎えし、上記のように、「保険法と要件事実」というテーマで講演会を開催した次第であります。

実際に講演会を開催してみますと、保険法は比較的新しい法律であり、立法に際して要件事実論を相当意識した議論が行われ、条文が制定されたことについても、ご紹介いただきました。それでもなお立法によって解決しない問題もあり、関係各位のご発言内容は、さまざまな立場から、まことに多様で充実したものがありました。

本講演会の特徴は、講師・コメンテーター各位と聴講者各位が同一のフロアーにおいて、自由に質疑応答ができるところにもありましたが、聴講者各位も、関係分野における練達の研究者・実務家ばかりでありましたため、上記議論に積極的に参加され、そのため、本講演会がいっそう充実したものとなったと考えます。

本講演会を通じて、保険法の分野に止まらず、さまざまな分野における要件事実論（関連して事実認定論）についても多くの示唆や強い刺激が与えられました。今後の要件事実論（関連して事実認定論）の充実と発展に、本講演会が大きな役割を果たすことができたと存じます。

本講演会が、このような形で結実することができたのは、ひとえに、多大のご尽力を賜った講師・コメンテーター・聴講者の皆様のお陰であり、この機会をお借りして、心から厚く御礼を申し上げます。

要件事実論や事実認定論に関心を持ち、それを研究し又は実践しておられる皆様にとって、本書が非常に有益な一書として、広く読者各位にその意義が理解されて、活用されることを心から願っています。

なお、巻末に山﨑敏彦教授及び永井洋士氏（長崎県立大学地域創造学部講師）

によって作成された「要件事実論・事実認定論関連文献　2020年版」も収録されています。重要な資料としてご参照いただければ幸いであります。

　本書が、このような形で世に出るに至るまでには、講師・コメンテーター・聴講者・執筆者の各先生のほかにも、一々お名前を挙げることはできないほど、実にさまざまな方々にご支援を頂きました。私事ではございますが、これまで毎年の講演会の準備をしてくださり、当研究所をリードしてこられた伊藤滋夫先生（法科大学院要件事実教育研究所顧問）の仕事を実質的に引き継ぎ、今年度より当研究所の所長に就任いたしました。そうした中での初めての講演会の開催であり、至らない点もあったかとは思いますが、関係者の皆様には心より御礼を申し上げます。また、従来と同じく引き続き、日本評論社の中野芳明氏及び毛利千香志氏の一方ならぬお世話になりました。ここに記して、そうした皆様方に深い謝意を表する次第であります。


2021年 3 月

　　　法科大学院要件事実教育研究所所長　　田村伸子

保険法と要件事実──目次

# 保険法と要件事実・講演会

# 議事録

## 講演会次第

[日　　時]　2020年11月28日（土）　午後１時～午後５時30分
[実施方法]　Zoom 使用のオンライン開催
[主　　催]　法科大学院要件事実教育研究所
[次　　第]
　1　開会の挨拶
　　　　黒木松男（創価大学法科大学院教授、創価大学大学院法学研究科長）
　2　本日の進行予定説明
　　　　田村伸子（法科大学院要件事実教育研究所長、創価大学法科大学院教授）
　3　講演１
　　　　嶋寺　基（弁護士（第一東京弁護士会）・大江橋法律事務所）
　　　　「保険法の下での告知義務違反による解除の要件事実」
　4　講演２
　　　　遠山　聡（専修大学法学部教授）
　　　　「請求権代位規定の要件事実
　　　　　──『てん補損害額』の意義と評価方法について」
　5　講演３
　　　　潘　阿憲（法政大学法学部教授）
　　　　「傷害保険の偶然性の要件事実」
　6　コメント１
　　　　今井和男（弁護士（東京弁護士会）・虎門中央法律事務所）
　7　コメント２
　　　　山下友信（同志社大学大学院司法研究科教授）
　8　質疑応答
　9　閉会の挨拶
　　　　島田新一郎（創価大学法科大学院研究科長）

（総合司会：田村伸子）

## 参加者名簿

〈講師〉
嶋寺　基　　　弁護士（第一東京弁護士会）
遠山　聡　　　専修大学法学部教授
潘　阿憲　　　法政大学法学部教授

〈コメンテーター〉
今井和男　　　弁護士（東京弁護士会）
山下友信　　　同志社大学法科大学院教授

〈聴講者〉
佐野　誠　　　福岡大学法科大学院教授
洲崎博史　　　京都大学大学院法学研究科教授
山下徹哉　　　京都大学大学院法学研究科准教授

〈司会進行〉
田村伸子　　　法科大学院要件事実教育研究所長、創価大学法科大学院教授


　＊聴講者については、質疑をされた方のみ、その了解を得て氏名を掲載する。

## 保険法と要件事実・講演会　議事録

　**田村伸子**　皆様こんにちは。それでは、定刻となりましたので、ただいまより、「保険法と要件事実・講演会」を開催させていただきます。はじめに、黒木松男創価大学大学院法学研究科長より挨拶があります。よろしくお願いいたします。

　［開会の挨拶］

　**黒木松男**　ただいまご紹介に与りました創価大学大学院法学研究科長の黒木と申します。どうぞよろしくお願いいたします。
　本日は、多くの先生方にお集まりいただき、感謝申し上げます。誠にありがとうございます。残念ながら、本年は、新型コロナウイルスの感染拡大問題が未だ収束の時を迎えていないことから、オンラインでの講演会になりました。まず一つお願いを申し上げます。オンライン講演会の性質から、登壇者の先生方は、聴衆の皆様方の反応がどうかをお知りになりたいと思われます。私のオンライン授業の経験からも学生の反応を知りたいと思っておりますが、顔を出してくれる学生と出してくれない学生がおります。法科大学院は、全員顔を出してくれますが、学部の学生はそうでないのです。任意で結構でございますので、本日も差し支えない先生方はお顔を拝見させていただければと思います。どうぞよろしくお願い申し上げます。
　本学法科大学院の研究所として、法科大学院要件事実教育研究所が設立されましたのが全国に法科大学院が設立された2004年、平成16年のことでありました。理論と実務の架橋、司法研修所の実務研修の短期化の補完としまして、要件事実教育の先鞭をつけようということで、また全国の法科大学院に対しまして、法科大学院における要件事実、事実認定教育のサンプルを、全国の法科大学院に示すということでも設立されたわけであります。早いものでそれから16年が経過しまして、毎年、研究会、シンポジウム、また講演会などを開催して

まいりました。その成果を日本評論社から出版してきましたが、今回の「保険法と要件事実」もその予定であります。法科大学院教育に多少なりとも貢献できていると自負しております。

　法律要件分類説ということで原告や被告の主張立証責任の分配がスムーズになされる条文も確かにございますけれども、条文の立法趣旨や制度趣旨から解き起こさないと、原告の請求原因事実なのか、それとも被告の抗弁事実なのか見えてこないという保険法の条文や保険約款もございます。そういう意味では立法趣旨や制度趣旨から解き起こすという意味では、「裁判規範としての保険法」という観点から主張立証責任の公平な負担を求めて、本日のご参加の先生方も含めましてご議論いただければと思います。

　本年は、現在、保険法学の分野で大変ご活躍の5人の先生方に、講演者とコメンテーターをお願いしました。ちょうど昨年の12月、生命保険文化センター主催の保険事例研究会の折にお願いしましたところ、先生方からご快諾をいただきまして、ホッとしたことを覚えております。大変ご高名な先生方ですので、私の方からご紹介するまでもないと思います。先生方には、本講演会の原稿執筆など大変お忙しいところお引き受けいただきまして心より御礼申し上げます。誠にありがとうございます。諸先生方、本日はどうぞよろしくお願いいたします。簡単ではありますが、以上で開会の挨拶とさせていただきます。本日は大変にありがとうございます。


　**田村**　黒木先生、ありがとうございました。私の方からは、本日の進行予定と注意事項につきまして、簡単に述べさせていただきます。事前に配布させていただきましたものとしましては、講師の先生方のレジュメ、それから進行予定があるかと思います。お手元にメール等でお送りしたと思いますが、届いていない方はお申し出いただければと思います。まず、事前にお送りした進行予定をご覧いただければと思いますが、ここに記載された順序で行ってまいります。質疑が長くなければ5時25分に研究科長の挨拶をいただいて終了ということになりますが、この講演会はいわゆる壇上とフロアーというような感じではありませんで、皆様、同じフロアーに居られるということで、質疑応答をすることに非常に意味があると思っております。最長で6時までは質疑があれば自

由に活発にしていただいたらと思っておりますのでよろしくお願いいたします。質疑応答の時間にご聴講される先生方から質問がありますときには、ご所属と、どなたに対する質問かということをおっしゃっていただければと思います。

　本講演会の内容は、出版のため、主催者側では録音をさせていただいております。聴講される皆様におかれましては、恐れ入りますが録音録画は禁止とさせていただきます。ご協力をお願いいたします。本年度は、初めてのZoomでのオンライン開催ということで、ご聴講の先生方におかれましては、音声、マイクはミュートにしていただきますようお願いいたします。質疑をされる時には、ミュートを解除してお話しください。ビデオにつきましては、先ほど黒木教授の方から話がありましたとおり、可能な限りオンにしていただければと思います。ネットの環境等にもよるかと思いますので、可能な限りで構いません。また、ホスト側のインターネットの不具合やZoomの不具合で、もしかしたら途中で「落ちる」などのトラブルがあるかもしれません。その際には、一度ご退室をしていただき、2、3分後に同一のURLからZoomに入ってくだされ
ばと思います。私の方からは、簡単ですが、配布資料、進行予定と注意事項について説明をさせていただきました。

　それでは、本日の進行予定に従いまして、まずは嶋寺先生からご講演をお願いしたいと思います。嶋寺先生、よろしくお願いいたします。

　　＊講演レジュメは参加者にそれぞれ配布され、それらを参照しながら講演が行われている。本書83頁以下を参照されたい。

［講演1］
## 保険法の下での告知義務違反による解除の要件事実

　**嶋寺基**　ただいまご紹介いただきました、大江橋法律事務所の嶋寺と申します。本日はよろしくお願いします。簡単に自己紹介させていただきますが、私は2008年の保険法制定の際に法務省に出向いたしまして、保険法の立法を担当させていただきました。その際に、法制審議会の議論に参加させていただき、条文の作成を担当いたしました。その後、弁護士に戻ってからは、生命保険、損害保険問わず争訟案件を多く扱わせていただいております。本日は、その立

法の経験と、それから訴訟における立証活動両方を踏まえまして、告知義務違反による解除の要件事実を整理してご報告をさせていただきたい、このように考えております。よろしくお願いします。

## 1　はじめに

それでは、レジュメに従って、ご報告をさせていただきます。タイトルは、「保険法の下での告知義務違反による解除の要件事実」とさせていただきました。

まず「はじめに」（本書84頁）といたしまして、2010年4月に施行された保険法ですが、これはご存知のとおり、改正前商法における保険契約に関する規律を100年ぶりに全面的に見直すとともに、独立の法典として整備をしたものでございます。特徴といたしまして、保険法は、現在の法制執務に則って、体系的に条文が整備され、各規律の要件および効果を明確に意識して規定化が行われている、という特徴がございます。そして、保険法の条文作成にあたって特に意識されたのが、いわゆる法律要件分類説を踏まえた各規律の要件事実でございます。今回は保険法と要件事実というテーマでございますので、主に、保険法の下での要件事実、条文作成の際に、どのようなことを意図して条文が作られているのかという辺りを中心に、お話をさせていただこうと考えております。

ここで一点補足ですが、法制執務という言葉を使わせていただきましたけれども、ご存知の方も多いと思いますが、法制執務というのは条文作成をする際のルールでございまして、古い時期に制定された法律に関してはそれほど法制執務が厳格でなかった時期のものもございますが、現在の法制執務というのは非常に精緻なものとなっておりまして、実際の条文作成にあたっては、法制執務を逐一参照しながら条文作成をするということが行われております。例えば、同じ法律の中で、同じ用語を使うときには同じ意味で使うとかですね、あとは、ほかの法律との整合性ということも常に確認しながら条文の作成が行われているという特徴がございます。

本日の研究会のテーマであります要件事実という点に関して補足をさせていただきますと、実際に保険法の条文を作成するにあたっては、いわゆるブロッ

ク・ダイヤグラムと呼ばれる、皆さんご承知だと思いますが、要件事実をブロックで整理したものですが、実際に条文作成にあたってはブロック・ダイヤグラムを作っておりました。それを作成した上で、そのブロックが正しく条文に反映されるということを意識して作成を行っておりました。具体的な各規律の要件、それから効果、それから立証責任ということをですね、正しく条文へ反映するということを意識しながら条文を作成いたしておりました。ですので、保険法に関しては、その現在の精緻な法制執務に基づいて比較的に新しい時代に作られた法律だという点に特徴があるということかと思います。今回のテーマ、保険法と要件事実講演会の趣旨であります要件事実ということに関して、少し補足をさせていただきました。

　本日は、告知義務違反による解除を取り上げておりますが、その理由を少し説明させていただきます。告知義務違反による解除の規律は、改正前商法の下での規律について様々な改正が行われるとともに、新たな規律も設けられており、保険法における要件事実を論じるにあたって、最も相応しい規律の1つではないかと考えております。そこで、本報告の中では、保険法の下での告知義務違反による解除の規律を取り上げまして、請求原因・抗弁・再抗弁・再々抗弁を整理するとともに、要件事実の分析から明らかになった解釈上の問題についても論じることとしたいと思います。


## 2　保険法の体系

　まず、「保険法の体系」というところでございます（本書84頁）。法律の体系というところに要件事実の場面で重きを置かれることは少ないかもしれませんが、保険法を論じるにあたっては、この体系の理解も非常に重要であると考えております。保険法における要件事実を正しく理解する上で重要な点が、保険法の条文の体系であると思います。

　保険法は、以下の章立てにより、各保険契約に適用される規律が設けられております。第1章「総則」、第2章「損害保険」、第3章「生命保険」、第4章「傷害疾病定額保険」、第5章「雑則」、このようになっております。

　その上で、第2章から第4章までの各保険契約に適用される規律については、以下の体系に分類して条文が設けられております。第1節「成立」、第2節

「効力」、第3節「保険給付」、第4節「終了」です。法制執務上、この節をどのように立てるかに関しては厳格なルールまではないようです。ただ、正しく要件効果を定めるという観点で、最も効果的な節の立て方は何かということで、保険法の条文作成においては検討がなされております。実際にここでも保険法の節の立て方は、民法の契約に関するルールの場面での節の立て方を参照しております。「成立」、あとは「効力」というところはそれを意識した構成になっております。それで、保険法に特有の「保険給付」というのを第3節に、そして第4節「終了」と、このような形の節の立て方をしております。なお、第2章の損害保険のみ、第5節および第6節を設けているところでございます。

告知義務の話に戻りますと、保険法は各条文をこのように体系的に分類して配置をしておりますので、告知義務違反による解除の規律に関しても、複数の節に分けて規定が設けられております。告知義務の内容自体は第1節に設けられております。告知義務違反による解除の要件につきましては、第4節に規定が設けられ、さらに、解除した場合の効力に関しても同じく第4節の別の条文で定められるという体系になっております。そのため、告知義務違反による解除の要件事実を整理するにあたっては、複数の節にまたがる各条文を合わせて検討する必要があると思います。

### 3　抗弁としての告知義務違反による解除

それでは、具体的な請求原因・抗弁等について進めてまいりたいと思いますが、「抗弁としての告知義務違反による解除」というところでございます（本書85頁）。保険法における告知義務違反による解除の規律は、保険金請求の請求原因に対する抗弁として位置づけられます。告知義務違反による解除の効果としては、解除がされた時までに発生した保険事故による損害について保険者は保険給付を行う義務が免責されるという効果が生じますので、抗弁として位置づけられるということになります。ここでも実際の実務、あるいは紛争の場面を想定すると、この点は理解がしやすいかなと思います。告知義務に関しては、契約締結の際のルールではありますが、実際の紛争の場面を想定しますと、まず保険金請求があり、それに対して保険会社が調査をする過程で告知義務違反の事実が判明するということが多いと思います。ですので、保険金請求に対

する抗弁という形で告知義務違反による解除が使われるということが典型的に想定されます。保険者が告知義務違反による解除を行ったということは、抗弁として位置づけられるわけですが、抗弁としての性質上、保険者が立証責任を負うという分配になります。

　では、告知義務違反による解除の要件は、どのようなものかということを分析してまいりたいと思います。この点については、改正前商法における条文と対比をすることで、保険法の下での要件事実がより明確になると思われますので、ここでは、改正前商法と保険法との条文の構造の違いについてまずは述べたいと思います。ここでは、損害保険契約に関する規定を取り上げておりますが、改正前商法の644条には、「保険契約ノ当時保険契約者カ悪意又ハ重大ナル過失ニ因リ重要ナル事実ヲ告ケス又ハ重要ナル事項ニ付キ不実ノ事ヲ告ケタルトキハ保険者ハ契約ノ解除ヲ為スコトヲ得」と定められておりました。ここでは、直接的に告知義務の内容というものが規定されていたわけではなく、解除の要件という形で規定が設けられておりました。それに対して保険法は、まず第4条で告知義務という義務の規定を真正面から認めております。「保険契約者又は被保険者になる者は、損害保険契約の締結に際し、損害保険契約によりてん補することとされる損害の発生の可能性（以下この章において「危険」という。）に関する重要な事項のうち保険者になる者が告知を求めたもの」、これを告知事項といいますが、「について、事実の告知をしなければならない。」、これが第4条でございます。それから第28条で解除の要件を定めております。「保険者は、保険契約者又は被保険者が、告知事項について、故意又は重大な過失により事実の告知をせず、又は不実の告知をしたときは、損害保険契約を解除することができる。」と、このような条文になっております。

　若干補足をさせていただきますが、「損害の発生の可能性」という言葉が使われておりまして、これを「危険」という言葉で略しているわけですが、ここが何を指すかというところも議論にはなりうるところかと思います。冒頭に申し上げましたとおり、最新の法制執務の中では、「危険」という言葉をいきなり使うと、それが何を指すか分からないということがありまして、その「危険」を噛み砕くという趣旨で、この保険法には損害の発生の可能性であるとか、あるいは保険事故発生の可能性とか、そういうような形でこの「危険」という

のを定義するという形になっております。

　それから、後ほど申し上げますが、事実の告知をしなければならないというところです。保険法の下では、「事実の告知」というのがワンフレーズになっておりまして、この「事実の告知」という言葉をいろんな箇所に使っていくというような形式になっております。そして、「事実の告知」というのは、質問応答義務を前提にしておりますので、質問に対して真実を答えるということを、ここでは「事実の告知」と考えて規定されております。そうすると、28条をみていただくと、「事実の告知をせず、又は不実の告知をしたとき」ということになっておりますので、真実を答えないという意味では、不実の告知も真実を答えないということに含まれるのではないかということを、実際条文の作成の際には議論をしたところではございます。ただ、ここでは質問に答えないということと、むしろ積極的に別の事実を告げるということが、どちらも告知義務違反という行為に問われるということを示しておいた方が分かりやすいだろうということで、ここでは両方並んでいるという整理を最終的にはいたしております。

　それでは、中身に入っていきますが、保険法においては、条文の文言からも明らかなとおり、「損害の発生の可能性に関する重要な事項のうち保険者になる者が告知を求めたもの」について、保険契約者または被保険者が故意または重大な過失により「事実の告知をせず、又は不実の告知をしたこと」が、告知義務違反による解除の要件となるものであります。これを要件事実として整理すると、次のとおりになります。

　まず①として、保険者が、保険契約者または被保険者に対し、危険に関する重要な事項について告知を求めたこと。②として、保険契約者または被保険者が、①の保険者から告知を求められた事項について、事実の告知をせず、または不実の告知をしたこと。③として、保険契約者または被保険者に、②の事実の告知をしないことまたは不実の告知をすることにつき故意または重大な過失があること。④として、保険者が保険契約の解除を行ったこと、この4つに分けて説明をすることができると思います。このように、保険法では、いわゆる質問応答義務を採用し、保険者が危険に関する重要な事項の中から質問すべき事項を決定し、その質問された事項について保険契約者または被保険者が真実

を回答する、ということを「事実の告知」と呼んでおります。そのため先ほど申し上げた③の要件ですが、③の「故意」が認められるためには、保険者から質問された事項に該当する事実があることを知りながら質問に対して正しく回答しないことをもって足りるものと考えられます。

　この点、改正前商法の下では、告知義務違反による解除の要件としての「悪意」につきまして、重要な事実のあること、その事実が告知すべき重要な事実であること、および告知をしないことを知っていることを意味するという見解が有力でございました。しかし、これは告知義務者が自ら告知すべき事実を判断する、いわゆる自発的申告義務を前提とした議論であると考えられます。つまり、補足しますと、自発的申告義務の下では、何を告知すべきかを告知義務者の側で判断をする必要があるという構造になりますので、そもそも告知義務というものが課されているとか、法律で何が告知の対象になっているのかということを保険契約者の側で認識ができないと、そもそも自発的に申告を求めるということができないということでこのような整理をするのが自然ではないかと考えております。

　これに対して、保険法において質問応答義務の方式が採用され、告知を求めるべき質問事項の重要性に関する判断は保険者が行うということとなり、条文上も明確に「保険者が告知を求めたものについて事実の告知をしないこと」ということが故意の対象となっておりますので、改正前商法の下でのそれらの3つの要素が必要になるという見解は、保険法の下では変容するのではないかと考えられるところでございます。つまり、保険法の下では、質問応答義務を採用しておりまして、告知義務者の側でその重要性、すなわち回答すべき事実の重要性を判断する必要がないということになりますので、そうなると、むしろ保険法の下では、保険者の側で質問する事項の重要性というものの判断をして選別をするという構造になるのではないかと思います。もっとも、保険者が自らの危険選択にとっておよそ意味がない事項を質問するという場合は、質問事項としての重要性を欠くことになりますので、もはや告知事項に含まれないと考えられます。そのため、そのような質問に対して真実を回答しなかったとしても告知義務違反に該当することにはならないと考えられます。

　保険法施行後に締結された保険契約に関する裁判例の中にも、故意の意義に

ついて、「保険者から質問された事項に該当する事実があることを知りながら質問に対して正しく回答しないこと」を前提に判示をしていると思われるものがみられます。一例ですが、東京地判の平成30年9月3日の事例では、保険法施行後に締結された普通養老保険において、被保険者が告知日の数日前に医療機関を受診し、MRI検査を受け、投薬を受けていましたが、明確に病名の告知までは受けていなかったところ、質問表の「過去3か月以内の健康状態として、医師の診察、検査、治療、投薬または指導を受けたことがあるか」の質問に対し「いいえ」と回答した事案について、次のとおり判示されております。「故意又は重大な過失による事実不告知　　上記認定によれば、Bは、過去3か月以内の健康状態として、実際には、別件保険契約①の締結から本件告知までの間に、少なくとも、C医師による診察、検査及び投薬を受けていたにもかかわらず、本件告知においては、医師の診察、検査、治療、投薬又は指導を受けたことがないと被告に告知をしたこととなる。Bは、事実を告げず又は事実でないことを告げたと認められる。そして、上記認定によれば、BがC医師による診察、検査ないし投薬を受けたのは、本件告知の6日前及び3日前という直前であり、本件告知の時点においてBにその認識がまるでなかったということは、通常あり得ない。しかし、C医師による診察、検査ないし投薬の事実を、生命保険契約の締結に際しての本件告知において一切触れていないというのであるから、事実を告げなかったこと又は事実でないことを告げたことについて、Bには少なくとも重過失は優に認められる。」このように、質問応答義務の方式を採用している保険法の下では、告知義務違反の故意が認められるためには、保険者からの質問に正しく回答していないことの認識・認容があれば足り、その回答しなかった事実の重要性、すなわち、その事実を知っていれば保険者は同一の条件で保険を引き受けないであろうことまで認識している必要はないものと考えられます。ここでの事実というのが、まさに具体的な病気の内容であったりとか病名であったりとかそういうことを念頭に置いておりますが、その病気があれば保険者は引き受けなかったであろうということまで、回答する側は認識・認容する必要がないのではないかということでございます。

　実務の視点もここで挙げておきたいと思いますが、実際には質問事項とそれに該当する事実からみて、誰の目から見ても告知事項に該当するような非常に

分かりやすい質問であり該当する事実も非常に明確であるというときに、故意にそれに対して正しく回答していない事案で、自分は重要だと思わなかったというような主張を許すということについては、実務的な観点からも非常に違和感のあるところですし、正しい回答を求めて引き受けの判断をしていくという告知制度の実効性という観点からも、そのような認識まで問われるものではないのではないか。つまり、質問されていることに対して該当する事実を認識し、それを意図的に答えないということが、故意を構成することになるのではないかと考えられます。

　そして、保険者からの質問に正しく回答していると判断したことについて著しい注意義務違反があった場合に、告知義務違反の重過失が認められると考えられます。先ほどの裁判例もその意味での重過失を前提としているものと考えられます。

　実際の実務の場面についてもう1点だけ申し上げておきますと、脚注の6（本書89頁）で少し触れさせていただいていますが、保険法の下での「重要性」というものが、先ほど申し上げた条文の文言からも明らかなとおり、保険者が定める質問事項の重要性というところでございまして、回答しなかった具体的事実の重要性ということとは区別されるべきものではないか、つまり、回答しなかった事実、病気病名等がですね、保険者として引き受けができなかったものであるというところまでの認識は必要ではないと考えるのが自然だと思います。仮に、この保険法の下でそのような具体的な事実について引き受けられないというところまで告知義務違反の要件になってきますと、保険者側としては、その病気は引き受けられないものであったということも立証責任を負うことになると思いますが、そうであれば、保険会社として自社が持っている内部の引受基準、そういうものを示すということでなければ、本来はその病気が引き受けられないものであるかどうかということについての立証を果たせないということになると思われます。やはり、そのような意味での重要性ということが告知義務違反の客観的な要件に含まれるものではないというのが、立証の観点からみても適切な分配であると裁判所はみているのかなと思われるところです。

　ただ、1点だけ補足させていただきますと、これはいわゆる告知書でどんな聞き方をするかということにもよってまいりますので、先ほどの裁判例のよう

な形で、実際に告知事項が医師の診察、検査、投薬を受けたことがあるかとか、あとは7日以上にわたって治療を受けたとかですね、これらの病名を特定しないような告知、質問の仕方もあれば、保険会社の告知書をいろいろみてみますと、表を入れて下記の表の中にあるいずれかの病気で治療を受けたかとか、このような形の質問にしているケースもあると思います。この議論はあまり抽象論で議論されるよりも、具体的な告知事項を踏まえて整理をしていく方が良いのかなと考えたところでございます。その意味で、実際に従来の実務と大きく変わらないものもたくさんあるのかなと思いますが、今回、要件事実がテーマになっておりましたので、要件事実的に整理をするとこのような形になるのではということを整理させていただきました。

## 4　再抗弁として位置づけられる規律

　続きまして再抗弁に入りたいと思います（本書89頁）。告知義務違反による解除の抗弁に対して、再抗弁に位置づけられる保険法の規律としては、次のとおり複数のものがあり、これらは再抗弁という位置づけですので、保険金請求権者側が立証責任を負うべき事項に該当すると考えられます。

　まず、1つ目が、保険者の悪意または過失による不知、2つ目が、保険媒介者の告知妨害または不告知教唆、3つ目が解除権の除斥期間、4つ目が因果関係不存在特則ということになります。

　このうち、1つ目から3つ目に関しましては、告知義務違反による保険者の解除権の阻却事由ないし消滅事由に該当するものでございます。これに対して4つ目は、告知義務違反による解除を認めた上で、既発生の事故に対する保険者の保険給付義務の免責の効果を否定するものでございますので、既発生の事故にかかる保険金請求の請求原因との関係において、再抗弁として位置づけられるものといえると思います。

　これらの再抗弁にかかる規律のうち、2つ目にありました保険媒介者の告知妨害または不告知教唆につきましては、保険法で新設されたものでございます。この点に関して解釈上問題となりうるのが、保険媒介者が被保険者等からの告知によらずに、たまたま保険者からの質問に回答すべき事実の存在を知ったという場合、例えば、偶然病院で保険媒介者が被保険者と遭遇したとか、このよ

うなケースが考えられます。このような場合に、当該保険媒介者が被保険者等に対し告知書に記載すべき旨を促さなかったということが、ここでの告知妨害ないし不告知教唆に該当して、保険者の解除権が阻却されることになるのかという問題がございます。

　この点に関しましては、告知するようアドバイスするのが保険媒介者の責務であるという視点から告知妨害ないし不告知教唆に該当するという見解もございます。ただ、先ほどありました保険法の告知妨害と不告知教唆というルールでございますが、実際に条文をみますと、「事実の告知をすることを妨げた」であるとか、「事実の告知をせず、又は不実の告知をすることを勧めた」、このような文言を用いております。このような文言を用いて解除権の阻却事由の要件を定めていることからしますと、先ほど申し上げたような保険媒介者の行為、正しく告知すべきことを促さなかったその行為をもって告知妨害、不告知教唆に該当するというように解釈するのが適切なものではないと考えるところでございます。もちろん、ここでの問題意識としましては、やはり保険媒介者として、典型的には保険募集人が当たると思いますが、当然のことながら適切な告知を求めていくということを、監督の観点から求められているところですし、保険業法等においてベストアドバイス義務というような言い方がされることがあると思いますが、やはりその監督法の視点からは募集人としてあるべき行動ということが出てくるということはそのとおりだと思われます。ですので、まさに今回のこの場面というのは、監督法で求められることと、保険法での解除権阻却事由と、両方に関係するということになるわけであります。ですので、保険会社ということを念頭に置きますと、結局そのような形で適切な告知を求めていないと、適切な募集行為を行っていないということについて保険会社としてその責任を問われるということが、保険会社という組織を考えると、そのような規制をするということがありうると思います。ただ、どうしても保険法の対象は、「保険会社」に限定しているわけではありませんので、「保険者」一般に関していいますと、やはりそういう監督法による規制が及ばないというようなものもありますし、様々な規模のものがありうる「保険者」の立場としては、保険法上はそう解釈せざるを得ないのかなと、そう思います。ですので、保険法の解釈に関して、業法であるとか監督法の視点を持ち込むというのが必

ずしも適切ではないのかなという意味合いもありまして、ここでの「告知をすることを妨げた」、あるいは「不告知を勧めた」ということに関しましては、なかなか保険法の阻却事由にストレートに該当するとはいいにくいのかなと考えるところでございます。

　次に、4つ目にありました因果関係不存在特則の点でございます。因果関係不存在特則に関して、正しく告知がされなかった具体的な事実と事故の発生との間にいかなる関連性があれば「事実に基づかずに発生した保険事故」と認められるかという点が問題になりうると思われます。この点に関し、当時の商法の規定に基づくものでありますが、大審院判例としては、ご承知のとおり以下のように述べたものがございます。「右但書ヲ適用スルニハ事故ト告ケ又ハ告ケサリシ事実トノ間ニ全然因果関係ナキコトヲ必要トシ若シ幾分ニテモ其ノ間因果ノ関係ヲ窺知シ得ヘキ余地存センニハ右ノ但書ハ之ヲ適用スヘカラサルコト論ヲ俟タス」、これが大判昭和4年12月11日の判例でございます。それで、保険法の下でも、この因果関係不存在特則をどのように解釈すべきかという点が問題になるわけですが、実際には、改正前商法の文言である「事実ニ基カサル」という表現をそのまま採用していることもありまして、保険者の免責が否定されるための要件としての因果関係不存在特則については、先ほど述べた大審院判決の考え方が維持されると考えるのが自然ではないかと思われます。

　保険法施行後に締結された保険契約に関する裁判例の中にも、正しく告知がされなかった具体的事実と事故の発生との間の関連性につきまして、先ほど述べた大審院判決の考え方を前提に判示をしていると思われるものがみられます。仙台高判平成24年11月22日というのは、保険法施行後に締結された自動車保険の無保険車傷害特約において、被保険者が無免許であるにもかかわらず、申込書の免許証の色に関する質問に対し「ブルーである」旨回答した事案について、以下のとおり判示しております。「因果関係不存在特則について」、アとしまして、「証拠によれば、D保険契約では、保険法31条2項1号を受けて、告知義務違反による解除が損害発生後にされた場合でも保険金は支払わない旨が定められる一方で、告知義務違反に係る事実に基づかずに発生した損害については保険金を支払うとして、いわゆる因果関係不存在特則が定められていることが認められる。」イとしまして、「そして、被控訴人は、運転免許証の色という事

実に基づいて保険事故が発生することはないとして、Ｄの告知義務違反と本件事故との間には因果関係がなく、補助参加人は、前記解除による免責は認められないと主張」します。ウとしまして、「しかしながら、本件事故は、Ｄが酒気を帯びて運転していたとはいえ、無免許運転という危険な態様の下で惹起されたものと認められるから、本件で告知の対象となる運転免許証の色が『ブルーである』のか『色を告知できない』、すなわち、有効な運転免許を保有していないのかという告知事項と本件事故発生との間には因果関係がないと認めることはできない。したがって、被控訴人の上記主張は採用することができない。」ご承知のとおり、この事案自体が非常に特殊なもので、ほかの論点もある事案でございますが、あくまでも一例として、大審院判例を意識しているのではないかという趣旨で取り上げさせていただいたものです。

このように、同裁判例では、「因果関係がないと認めることはできない」という表現が用いられておりまして、実際にその判断をされている中身を踏まえますと、先ほど述べた大審院判決と同様に、正しく告知がされなかった具体的事実と事故の発生との間に全く因果関係がないという例外的な場合に限定して、保険者の免責の効果が否定されることを前提としているものと考えられます。

これは自動車保険の事例ではありましたが、特に、生命保険や医療保険に関しては、因果関係不存在特則の適用をめぐり、医学的な関連性がどの程度認められればよいかということが議論となることも多いと思われます。その判断にあたっては、告知義務の制度は保険契約における危険選択のための重要な制度であり、保険法上、保険契約者や被保険者には法定の義務として保険者の質問に正しく回答すべき義務が定められていること、それから、告知義務違反があった場合には、原則として保険者の保険給付義務は免責されることとされており、例外的に「事故に基づかずに発生した」ことを再抗弁として保険金請求権者が立証した場合に限って免責の効果が否定されるという条文構造になっていることを踏まえて判断がされるべきではないかと思います。このような、あくまでも例外的なものであるという位置づけからみて、仮に、事故の発生に対して直接的な影響がない場合であるとか、主要な原因が別にあるというようなことであったとしても、そのことによってここでの因果関係が否定されるものではなく、事故の発生におよそ何の関連性もないという例外的な場合に限定して、

因果関係不存在特則が適用されるべきものではないかと考えられます。ここでは、およそ何の関連性もないという言い方をしましたが、一例を挙げていえば、病気の告知義務違反があったということは事実であるけれども、実際に亡くなった原因が交通事故であった。そういう場合については、およそ告知義務違反ということと死亡原因との間にはなんの関連性もないという事案だと思いますので、このような場合には因果関係不存在特則が適用されるということが明らかであると思われます。

　それに対して、2つの病気の両方が寄与して事故が発生したとかですね、例えば告知義務違反があった病気とそうでないものの両方が寄与して死亡という結果を招いたというようなケースにつきましては、実務上はよく問題になりますが、どちらの影響が大きかったのかということを医師に意見を聞いたりすることがあります。やはり、どちらが大きかったとか、何パーセントくらい寄与したということについては、医師によっても評価が分かれるということがあります。そういうものについて、主たる原因が告知義務違反があった病気でなければいけないという、このような形で解釈をしていくことについては、実務の観点からも告知義務違反というものがうまくワークしないということにつながるのではないかなと思われます。

　実務の観点をもう1つ申し上げますと、実際に、保険会社の実務を想定しますと、因果関係不存在特則というのは、先ほども申し上げたとおり、立証責任という観点では請求者側が立証責任を負うことになるわけですが、実際の実務では、保険会社の側で因果関係があるのかどうかということも確認をした上で、解除、それから免責主張の判断をしていくケースというのが多いと思われます。そのようなものについては全く否定するものではありませんが、例えば、明らかに故意による告知義務違反があるというようなケースで、因果関係について全件請求者側が争うということになり、それがその都度紛争になって、医療鑑定をもって寄与の度合を判断する、こういうことになってしまいますと、正しく告知をしなければいけないとなっている告知義務の制度自体が、大幅にその効用が損なわれるのではないかということが懸念されるところでございます。もちろん、これも先ほど私が例を挙げた交通事故で亡くなったという事例と、病気が複数関与してというものでは、やはり判断の慎重さも変わってくると思

いますので、決して大審院の判例があるからということで実務はそのとおり免
責の範囲を広く主張しているかというと、もちろん中身をみながら判断をして
いるというケースが多いとは思いますが、法律的な整理としましては、因果関
係不存在特則はあくまでも限定的な例外として位置づけられるべきものではな
いかなと考えるところです。

## 5　再々抗弁として位置づけられる規律

　それでは、再々抗弁（本書92頁）に入りたいと思いますが、再々抗弁として
位置づけられる規律でございます。

　先ほど述べた再抗弁のうち、2つ目に述べた告知妨害、不告知教唆について
は、再々抗弁に位置づけられる保険法の規律がございます。それは、保険媒介
者の告知妨害または不告知教唆と告知義務違反との間に因果関係が認められな
い場合のルールでございます。これは再々抗弁として保険者が立証すべき事項
に該当すると思われます。

　具体的には、「告知妨害や不告知教唆に該当するような保険媒介者の行為が
なかったとしても」事実の告知をせず、または不実の告知をしたと認められる
場合に、解除権阻却事由は適用されないということが定められております。こ
こには、保険媒介者の言動にかかわらず元から保険契約者等が正しい告知をす
る意思を有していなかったという場合のほか、保険契約者等が保険媒介者に対
し真実よりも軽い内容の事実を述べ、例えば、胃潰瘍による治療を受けたにも
かかわらず風邪による治療と述べたというようなケースが考えられますが、こ
れに対して保険媒介者がその事実は告知しなくてもよいと述べたことを奇貨と
して、保険契約者等が真実を告知しなかった場合、いわゆる過少告知、過少申
告といわれる場面ですが、このようなものも含まれる可能性があると思います。
もちろんこの過少申告につきましては、もともとから不告知教唆があったとい
うように評価するのかどうかという事案もあるかなと思いますが、仮にそれが
不告知教唆と評価される場合であっても、因果関係がないというときには、さ
らに解除権阻却事由は適用されないという効果につながります。ただ、この
再々抗弁につきましては、条文作成にあたっても、実際はどうやって立証して
いくのかということは、非常に難易度が高いだろうということを認識した上で

条文を作成したという経緯がございます。

　ここでは「保険媒介者の行為がなかったとしても」という仮定に基づく事実を立証する必要がございますが、一般に仮定に基づく事実の立証は難しい上に、告知の場面でのやりとりについては、当人同士の供述が食い違うということも多いため、この規律を適切に運用するというのは、先ほど申し上げたとおり難易度が高いと思います。実際に立証という観点から考えてみると、対象となる保険契約の保障内容であるとか、問題となった質問事項がどのような質問であったのかということ、さらには本来回答すべきであった事実がどんなものであったのかということ、それから、保険契約者等と保険媒介者との関係性等、例えば保険媒介者の説明に依存するような関係であったのか、むしろ契約者としての対等な関係にあっていろいろ質問できたのか、そんな関係性を念頭に置いておりますが、そのような客観的な事実を重視しつつ、一方で争いのない当人同士の会話の内容であるとか、保険契約者等の保険に関する知識・経験等も加味しながら、総合的にみて告知妨害等との因果関係の有無を判断する必要があると考えられます。もともと再抗弁として取り上げた告知妨害、不告知教唆というものと、それに対して因果関係がないという再々抗弁、条文上はこのような構成になっておりますが、結局のところはこの再々抗弁の立証もこのような総合的な事情を元に判断していくということになりますので、再抗弁と再々抗弁の判断、主張立証事実の内容というのは、かなりの部分で重複していく部分もあると思われます。

## 6　おわりに

　最後に「おわりに」（本書93頁）ということで、まとめを申し上げます。保険法は、現在の法制執務に則って条文が作成されており、法律要件分類説に基づく要件事実を意識して各規定が設けられております。そのため、本報告で述べた告知義務違反による解除と同様に、保険法における他の規律の要件事実を分析するにあたっても、保険法の体系や条文の構造等に着目をして、具体的な条文の文言に沿った検討を行うことが極めて重要であると思われます。また、その判断・検討にあたっての視点ですが、保険契約においては、保険契約者や被保険者の側に保険事故やリスクに関する情報が偏在しているという構造的な

特徴があります。そのような特徴を踏まえ、その情報の偏在を解消するための制度である今回取り上げた告知義務であるとかその他の通知義務等につきましても、適切に機能するような形で立証責任の分配を行うということが必要であると思われます。実務上、保険金請求をめぐる紛争は極めて多数に上り、また事故にかかる証拠は時間とともに散逸する、これも一つ保険の対象としている事故の特徴であると思われます。そのため、個々の紛争の解決にあたって、要件事実に基づく立証責任の分配が裁判所の判断に影響を及ぼすことも少なくないと思われます。

　１点だけ補足しますと、通常立証責任の分配ということによって結論が全く変わるということは、実務の訴訟を経験している立場としては非常に少ないかなと思われます。ただ、保険の場合にはここで述べたとおり、実際の証拠が時間とともに失われていくということがありますので、特に、事故から何年も経ってから保険金請求の紛争になったようなケース、あるいは、先ほども申し上げましたとおり、当人同士の会話というような第三者が介在しないような客観的証拠の確保が難しいようなものが、保険にかかる紛争については比較的多いのかなと思われます。

　そのような性質を考えますと、この要件事実に基づく立証責任の分配という点を研究することの意義は、保険法では特に大きいといえるのではないかと思います。そのため、保険法における要件事実の研究は実務上の意義も大きいものと思われますので、保険法の条文、それから保険契約の特徴、そういうものを踏まえた上で、今後もさらに研究が深化していくことを個人的には期待をさせていただきたいと思います。

　以上が私の予定をしておりました内容でございます。まだまだ、実務上の悩みを踏まえきれていない部分もあると思われますし、また理論的な検討としても不十分な点があるかとは承知をしておりますが、要件事実の研究が、さらに今後も進んでいくということを期待して、保険法の条文との関係、それから、実務に携わっている立場としての適切な立証責任の分配という観点というところから、本日はいくつか私の考え方をお示ししたところでございます。私からの報告は以上でございます。

　田村　嶋寺先生、大変にありがとうございました。それでは、引き続きまして、遠山聡先生、よろしくお願いいたします。


［講演２］
## 請求権代位規定の要件事実
## 「てん補損害額」の意義と評価方法について

　遠山聡　ありがとうございます。それでは、私、遠山の方から２つ目の報告をさせていただきたいと思います。簡単に冒頭で自己紹介させていただきますと、私は、専修大学の法学部で、商法、保険法を中心に研究をさせていただいております。専修大学には３年ほど前に、異動してまいりましたけどもその前は15年ほど、九州の熊本大学で研究を行っておりました。その折から、先ほど、黒木先生からもご紹介ありましたが、東京の保険事例研究会ですとか、様々な研究会にて、様々なご指導をいただきながら、保険法の研究を続けてまいりました。その観点から、私の方からは損害保険における要件事実論ということで、請求権代位規定という、これは保険法の25条でございますけれども、この内容の報告をさせていただきたいと思います。要件事実論につきましては、私、あまり慣れていないところもございまして、本日の研究会の趣旨と必ずしも適合しない部分があるかと思いますけれども、いろいろなご指導ご教授をいただければ幸いに存じます。どうぞよろしくお願いいたします。


## Ⅰ　本報告の目的と問題の所在
## 1　本報告の目的
　それでは、私の方からは、請求権代位規定の要件事実ということで、特に副題といたしまして「てん補損害額」の意義と、評価方法について報告をさせていただきたいと思います。
　まず、本報告の目的（本書94頁）でございますけれども、本報告は、保険法25条に定められております請求権代位制度につきましては、保険法にも規定がございますが、保険法の規定に基づいて損害保険の各種約款にも同様の規定がございます。その約款規定も含めまして、その規定における要件事実の中でも、

とりわけ「てん補損害額」という要件事実の意義と評価方法に着目して検討を加えることで、同条の、あるいは約款の規定の射程を明らかにすることを目的とするものであります。

　ここでは、保険に関する関係なのですけれども、損害保険におきましては、損害賠償としての、損害賠償責任としての損害てん補の目的、そして損害保険では損害保険給付による損害てん補ということで、同じ目的として損害のてん補ということがあるわけでありますが、その保険のてん補の対象になる損害というものにつきましては、損害賠償では損害額、一般にそのまま用語が用いられるわけでありますけれども、保険法では、18条に「てん補損害額」という用語が用いられております。特にこの25条では、このてん補損害額というのをどのように捉えるかということについて、裁判例上も様々な問題が発生しているというところもございまして、本日はこのようなテーマを設定させていただいた次第です。

　具体的に申し上げますと、まず、損害額の算定基準が複数あるということについては、また後ほど申し上げたいと思いますけれども、この損害額の算定基準が複数あるという場合に、どの基準で算出された損害額が、この保険法の中でいうてん補損害額ということになるのかという問題、これが大きく分けて2章のところで申し上げたいところです。

　もう1つのテーマといたしましては、ここでは若干複雑な関係になりますけれども、被保険者は保険契約において損害保険の保険者から保険給付を受ける立場にありますが、同時に不法行為等によって被害者になる。つまりここでは被害者イコール被保険者になるわけですが、そのような被保険者がその加害者・被害者の関係にある、つまりここでは第三被害者・第三加害者と申し上げておきますが、その責任関係における被保険者が第三加害者に対して、保険給付の対象ではない損害についても賠償請求できるという場合があろうかと思います。これもまた後ほど詳細にご説明したいと思いますけれども、同じ不法行為によって損害賠償責任という形で被害者が加害者から損害賠償を受けることができるというその内容と、損害保険契約によって保険会社から保険給付を受けるその対象は、必ずしも一致しないという場合があり得ます。その前提に、その保険給付の対象ではない部分についても加害者に対して損害賠償できると

いう場合があろうかと思いますが、そのような場合に、請求権代位の基準としててん補損害額はどの範囲で特定されることになるのかという問題です。

　この２点に分けまして、以下、検討を行ってまいりたいと思います。

## 2　問題の所在

　それでは、問題の所在でございますけれども（本書94頁）、保険法の25条の１項においては、請求権代位の要件は、まず、①保険者が保険給付を行ったこと、というものが要件になっております。そしてさらに、②といたしまして、保険事故による損害が発生したことにより被保険者が第三者に対して債権、これは、保険法上は被保険者債権と呼ばれておりますけれども、これを取得したことということになろうかと思います。先ほどは、この債権、被保険者が第三加害者に対して有する債権については不法行為と申し上げましたが、注釈（本書95頁注１）の方にも書かせていただいておりますけれども、主に、不法行為や債務不履行による損害賠償請求権というのが中心になろうかと思われますが、その他にも、例えば、共同海損債務者に対する共同海損の分担請求権ですとか、様々なものが含まれる余地がございます。そして、この①②の要件が満たされますと、保険者は被保険者債権について当然に被保険者に代位すると規定されている、というのが25条の１項でございます。これは25条の規定によって当然に生じる効果でありまして、当事者の意思表示は必要でなく、当然に被保険者が加害者に持っている債権が保険会社に、保険者に移転するというものになってまいります。ですので、債権譲渡に対する対抗要件も不要でございまして、債務者その他の第三者に移転を対抗できると解されているところでございます。

　この保険法25条につきまして、適用にあたってしばしば問題になりますのが、移転する被保険者債権の範囲ということであります。問題の所在としてはここが私の問題関心ということでございます。保険法25条１項は、保険者が支払った保険給付の額と被保険者債権の額のいずれか低い額について、保険者が代位取得するとしつつ、保険給付の額が「てん補損害額」に不足するときは、被保険者債権の額から当該不足額を控除した残額を被保険者債権の額とするということで規定しております。ですので、保険給付の額と被保険者の債権の額を合計した金額がてん補損害額を超える部分についてのみ保険者の代位取得が認め

られることになりますので、被保険者は「てん補損害額」全額の充足がこの規定によって保障されているということになります。言い換えますと、保険給付額がてん補損害額に満たない場合でも、その差額である「不足額」を、この被保険者、被害者は確保できるということになるわけです。

　従来の判例は、昭和62年5月29日の判決ですけれども、いわゆる比例説という考え方を採っておりました。これは、下の注釈（本書95頁注2）のところに書かせていただきましたが、一部保険の比例分担の原則に従って、「填補した金額の損害額に対する割合に応じて、被保険者が第三者に対して有する権利を代位取得することができるにとどまる」というふうに判示したものであります。このてん補した金額と損害額の比に応じて、保険者が取得する被保険者債権の額が変わるという意味で比例説と呼ばれていたわけですが、この比例説は保険法25条が規定された際に変更されまして、この25条は、いわゆるその際に議論にありました差額説という考え方を採っております。この差額説こそが、これまで述べてまいりました被保険者のてん補損害額の全額を充足する、不足額についても補償するという考え方を採用したものということになります。

　保険法25条は、片面的強行規定ということで保険法の26条に規定されており、被保険者に不利な特約は無効となりますので、現行の損害保険の各種約款におきましては、同条を前提とした規定が設けられているということになります。25条の内容と約款の規定は、請求権代位に関する限りにおいてはほぼ同様の内容となっているかと思われます。

　てん補損害額は、「損害保険契約によりてん補すべき損害の額」というふうに保険法18条1項で規定されております。その損害が生じた地および時における価額、すなわち時価によって算定するというのが原則となっておりますが、契約当事者が損害保険契約の目的である財産の評価額、これは保険法上保険価額と呼ばれますが、この保険価額について協定しているという場合には、時価ではなく、この約定保険価額は、保険法では約定保険価額と呼ばれますが、実務的には協定保険価額と呼ばれることもあるようです。これによって算定されるというのが18条の2項に規定されております。従来は、例えば運送保険ですとか、時価が変動しやすいという分野の保険で採用されていたようでありますが、最近では一般的な住宅用の火災保険においてもこの協定保険価額、約定保

険価額という財産の価額を、あらかじめ協定しておくということが用いられるようです。てん補損害額の特定の方法によっては、保険者が代位取得する被保険者債権の額も変わってくることになりますので、ひいては被保険者に補償されるべき範囲も異なる結果となってまいります。

## 3　請求権代位制度の趣旨

　次に、請求権代位の制度のてん補損害額の検討を行うにあたりまして、その趣旨は、この規定や約款の規定の解釈に影響することが大きく、重要であると思われますので、検討に先立って、この趣旨を確認しておきたいと思います。

　従来、支配的な見解として述べられてまいりましたのは、被害者である被保険者が取得する加害者に対する損害賠償請求権と保険契約に基づく保険金請求権は、法的には別個の原因に基づいて生じたものであるから、損益相殺の対象にはならず、その結果、被保険者がその両方の請求権を行使することを許容いたしますと、被保険者に不当な利得を与えることになるので、これを防止すべきであるという政策的な理由です。これは利得禁止原則と呼ばれますが、このような政策的な理由から損害保険契約においては特にこの請求権代位が認められてきたと説明されております。換言いたしますと、被保険者が損害の重複てん補を回避するための仕組みという理解になろうかと思います。しかしそのために保険金を受領した被保険者に加害者に対する損害賠償請求を認めないとしますと、本来損害賠償責任を負うべき加害者が免責されるという不当な結果、棚ぼた（windfall）を招来することになりますので、この二重の要請に応えるために、当事者間における利益衡量に基づく衡平の理念から保険者がこのように被保険者債権を取得するという効果を認めるという形で説明されております。差額説は、保険者の代位は被保険者の利得を防止する、防止できる範囲で認められれば足りるとするものでありまして、利得禁止原則からも整合的に説明できます。他方で、損害保険における利得禁止原則を根拠とすることの妥当性には疑問も投げかけられておりまして、当事者の契約意思という見地から請求権代位制度を見直そうとする考え方も有力に主張されているところでございます。これは、下の注釈6（本書96頁）のところでも説明しておりますけれども、同じ実損てん補方式の傷害保険契約でも、例えば所得補償保険契約の約款では代

位の規定が置かれていないということがございますが、人身傷害補償保険の約款では代位の規定が置かれております。これらの違いには、代位に伴う保険者のコストも影響していると思われますので、そういたしますと、代位制度自体も保険カバーの範囲と保険料の設定のために契約当事者間で合意されたものということもできようかと思いますので、そうすると、利得禁止原則というところからは離れて当事者の契約意思に趣旨を見出すこともできるのではないかということになるかと思います。

## Ⅱ　損害査定基準と請求権代位
### 1　人身損害の算定基準

　それでは、Ⅱのところ（本書96頁）に入っていきたいと思いますが、損害査定の基準と請求権代位で、まず、ここでは、人身損害の算定基準について触れたいと思います。

　従来この請求権代位におきまして保険者に移転する被保険者債権の範囲という問題の中心となってまいりましたのが、自動車保険契約における人身傷害補償保険契約であろうかと思います。一般に、同一内容の交通事故でありましても、被害者に生じた人身損害の算定基準は複数ございまして、算出される額は必ずしも一致しないところであります。人身傷害補償保険の約款では、具体的な損害算定基準が規定されます。これが後ほど「人傷基準」というふうに申し上げますけれども、この人身傷害補償保険の中では、この約款の規定に従って損害が算定されるわけですけれども、裁判所が民法の規定に従って損害額を算出する基準、これは「裁判基準」と申し上げますけれども、この裁判基準よりも人傷基準によって算出された損害額というのは一般に低額になるといわれております。これも注釈（本書97頁注7）のところに書きましたけれども、一般に、裁判基準、人傷基準、自賠責基準というのがございますけれども、この順に損害額が低く算出される傾向にあるといわれているものであります。もちろん、状況によってはこの順序は逆転する可能性ももちろんございますが、一般的にはこのような傾向にあるということです。このほかにも、例えば、自賠責基準は申し上げましたけれども、いわゆるADR裁判外紛争処理制度の下で裁定によって算出される基準ですとか、日本弁護士連合会が定める基準、いわゆ

る弁護士基準など、また別の基準もあるところであります。このように、本文に戻りますが、保険者の代位取得と被害者に留保される範囲に違いが生じることになりますが、保険法25条１項における「不足額」の算定の前提となる「てん補損害額」、これがいずれの基準で算出された損害額をいうのかは条文上明らかではなく、解釈上の問題が生じております。

## 2　裁判基準差額説

　次に、裁判基準差額説のところに入りますが（本書97頁）、実損てん補型の傷害疾病損害保険契約の一種である人身傷害補償保険の約款では、差額説を採用する場合には、保険者が代位すべき範囲は被保険者に生じた損害額（てん補損害額）をどのように特定するかによって異なりうるところになります。

　これは、後ほど申し上げます東京地裁の平成26年の事案を簡潔にしたものでございますけれども、例といたしまして、ある交通事故によって被害者である人身傷害補償保険の被保険者に生じた人身損害が、裁判基準では500万円、人傷基準では350万円の損害額、異なる損害額が認定されるものとします。そして、被害者の過失１割が減額される結果、加害者に対しては500万円のうちの９割に相当する450万円の損害賠償請求ができ、人身傷害補償保険の保険者に対しては人身傷害保険金350万円の請求ができるというケースを想定してみたいと思います。

　450万円の損害賠償請求権と、人身損害保険金350万円の両方を請求できるといたしますと、合計800万円のてん補がなされるということになりますので、この被保険者、被害者には利得が発生する。これを防止するために請求権代位という制度が存在しているというのがお分かりいただけるかと思います。それで、このケースでは、「てん補損害額」を人傷基準損害額として把握いたしますと、その全額を受領した被保険者には不足額が存在しないことになりますので、加害者に対する損害賠償額450万円のうち、保険給付の額の全額350万円が保険者に移転するということになります。これが、従来考えられておりました人傷基準差額説という考え方です。他方で、裁判基準損害額のベースでいきますと、被保険者が350万円を受領してもなお裁判基準損害額の500万円に対しては150万円が不足していることになりますので、これを控除した300万円、つま

り、不足額の150万円をこの被保険者被害者に留保するということを目的として300万円のみが保険者に移転することになります。これによって、合わせて被保険者には全額の500万円のてん補が得られるということになるわけですが、これが裁判基準差額説という考え方になります。このような違いが生じることになります。

　平成24年の2つの最高裁判決、平成24年2月20日の判決と、最高裁平成24年5月29日の判決は、いずれもこの文言について裁判基準によって算出された損害額を基準として差額説を適用する考え方、上記で申し上げた裁判基準差額説を採用したといわれております。平成24年2月の最高裁判決は、「『保険金請求権者の権利を害さない範囲』との文言は、保険金請求権者が、被保険者である被害者の過失の有無、割合にかかわらず、上記保険金の支払によって民法上認められるべき過失相殺前の損害額を確保することができるように解することが合理的である」とした上で、保険金を支払った保険者は、「保険金請求権者に裁判基準損害額に相当する額が確保されるように、上記保険金の額と被害者の加害者に対する過失相殺後の損害賠償請求権の額との合計額が裁判基準損害額を上回る場合に限り、その上回る部分に相当する額の範囲で保険金請求権者の加害者に対する損害賠償請求権を代位取得する」という立場を明示し、続く5月の最高裁判決もこれを踏襲しているということになります。

　若干補足いたしますと、ここで、最高裁の判示部分の中に「保険金請求権者の権利を害さない範囲」との文言が出てまいりますが、注釈9（本書97頁）のところで書きましたように、この当時の約款におきましては改正前商法の規定を前提として約款が作られておりました関係で、保険金請求権者が他人に損害賠償の請求をすることができる場合には、保険者は、その損害に対して支払った保険金の額の限度内で、かつ保険金請求権者の権利を害さない範囲内で保険金請求権者がその他人に対して有する権利を取得するという代位条項が置かれていたという約款規定がございましたので、このような約款規定の代位条項を前提とした判示ということになろうかと思います。

### 3　保険金額の計算規定に対する差額説の趣旨の援用可能性

　続きまして、3の部分ですけれども（本書98頁）、この2つの最高裁判決に

よりまして先ほど申し上げたてん補損害額を人傷基準で算定した損害額とするのか、あるいは裁判基準で算定された損害額とするのかという争いについては、一応決着がついたということになります。それで、この裁判基準差額説というのは、最高裁の判断として確立したものとなったわけですけれども、同時に、被保険者の利益を優先させた判断ではございますけれども、被害者である被保険者が、保険者に対する人身傷害保険金の請求と、第三加害者に対する損害賠償請求の、いずれを先行させるかによって、トータルで受領できる金額が異なるという新たな問題状況を惹起させることになりました。

　人身傷害補償保険の約款には、人傷基準により算定された損害額から、自賠責保険金や加害者からの賠償金など、すでに受領した金額を控除した残額を支払う旨の計算規定が存在します。これは、この請求権代位が問題となる局面とは違いまして、先に、自賠責保険金ですとか、加害者からの賠償金など、被保険者の損害をてん補する内容の給付を受けている場合には、それを控除して保険金を支払うという規定になります。ですが、これも、請求権代位の規定と同じく、損害の重複てん補を回避するための規定であるという共通点がございます。

　先に述べましたケースに当てはめますと、被保険者が加害者からの損害賠償金を、1割過失相殺されておりますので450万円を先行して受領したという場合には、人傷基準損害額で算出された350万円から、受領済みの450万円を控除すると、残額が存在しないということになり、人身傷害保険金として支払われるべき保険金はないということになります。先に申し上げましたように、保険金の請求を先に行い、350万円が支払われた場合、保険者は300万円の範囲で被保険者債権を代位取得いたしますので、被害者である被保険者は、加害者に対して150万円の請求が可能であり、裁判基準損害額500万円全額を受領できるという結果になります。ところが、保険金請求を先行させた場合には、500万円全額を受領できるけれども、賠償請求が先行する場合には450万円だけ取得できるということになりますので、50万円少なくなるという違いが生じてまいります。この、賠償請求が先行するケースは、厳密には請求権代位の局面ではございませんので、保険法25条1項の射程が直接には及ばないという点に解決の難しさがございます。

　この問題につきましては、すでに平成24年の各最高裁判決においても認識されていたところでありまして、平成24年２月最高裁判決の宮川裁判官も「そうした事態は明らかに不合理であるので、上記定めを限定解釈し、差し引くことができる金額は裁判基準損害額を確保するという『保険金請求権者の権利を害さない範囲』のものとすべきである」との補足意見が付けられております。また、続く平成24年５月の最高裁判決では、田原裁判官が「同一の約款の下で、保険金の支払と加害者からの損害賠償金の支払との先後によって、被害者が受領できる金額が異なることは決して好ましいことではない。……保険金の支払と加害者からの損害賠償金の支払との先後によって被害者が受領することができる金額が異ならないように、現行の保険約款についての見直しが速やかになされることを期待する」旨の補足意見が付けられております。

　補足いたしますと、下の注釈（本書99頁注11）に書かせていただきましたが、この各平成24年の最高裁判決後に出されました東京地裁の平成26年１月28日の判決は、計算規定の解釈におきましても被保険者が裁判基準損害額を確保できるように、この宮川裁判官が述べているような限定解釈を採用いたしましたが、その控訴審判決である東京高裁の同年８月６日の判決をはじめ、このような限定解釈につきましては否定的なものが少なくないというところであります。

　桃崎剛判事は、賠償先行型事案については、人傷基準、差額説による損害額によるべきであるとし、計算規定では、被保険者が保険者や加害者または第三者からどのような給付を受けたかによって受領できる額が常に同一であるとは限らないのであるから、賠償先行型か人傷先行型かで被保険者が受領する額が同一である必要はないとしております。これに対して、山下友信教授は、両者の結果は同じになるようにするのが解決の前提であるべきとされ、裁判基準による損害額が確定している限りにおいては、「人傷基準による損害額」を「裁判基準による損害額」と読み替える約款の修正解釈の方向性を示唆されております。

　その後、上記のような補足意見や学説上の指摘を受けまして、人身傷害補償保険の約款が改定されております。改定後の約款には、「賠償義務者があり、かつ、賠償義務者が負担すべき法律上の損害賠償責任の額を決定するにあたって、判決又は裁判上の和解において……〔約款の〕規定により決定される損害

額を超える損害額が認められた場合に限り、賠償義務者が負担すべき法律上の損害賠償責任の額を決定するにあたって認められた損害額をこの人身傷害条項における損害額とみなします。ただし、その損害額が社会通念上妥当であると認められる場合に限ります。」との条項、これは約款によって若干文言は異なりうるかと思いますが、同様な内容の条項が追加されているところでございます。

　当事者間での和解ですとか加害者側の保険会社による示談代行により決定された損害額は、この約款の条項にいう「判決又は裁判上の和解」には該当いたしませんので、この条項の適用はない、つまりこの裁判基準の損害額によって人傷保険金の、人身傷害補償保険金の算定をするということにはならないということになります。しかしながら、当該条項の意義が裁判基準損害額の補償の要請を満たしつつも責任関係、つまり、被害者加害者の当事者間の中での恣意的な損害認定を認めない、馴れ合いによるなど、当事者間で異常に高額な損害額になるように調整するみたいなことが行われないようにするというようなところに目的があるといたしますと、保険会社の客観的な算定基準による場合――客観的な、と申し上げましたが、恣意的な損害認定を認めないということですので、恣意的でないという意味も含めまして「客観的な」と書いておりますが――この算定基準による場合などですね、特に、恣意的な損害認定ではないというのが認められるような場合があるのであれば、類推適用の余地も全くないというわけではないというふうに考えておりますが、解釈上のハードルは高いように思います。この約款の中では、判決または裁判上の和解と限定して書かれておりますので、私が想定いたしましたのは、この解決の大半を占めるといわれている保険会社の示談代行による裁判外の和解ですとか、ADRにおける裁定なども含まれてくるかと思います。そのような部分に類推適用できるのかという問題でございますけれども、この点の解釈上のハードルはやはり高いのではないかと考えております。この約款条項が設けられたことによって、賠償先行なのか人傷先行なのか、どちらを先に請求したのかによる違いというのは、不当な違いというのは、ある程度減ったとはいえ、裁判外の和解なのか、裁判上の和解、判決なのかということによって、認められる損害額に違いが生じるという問題は依然残されているというところに問題意識を感じるというと

ころがこのⅡのところの趣旨でございます。

## Ⅲ　損害項目と請求権代位

### 1　損害項目と対応原則

　それでは、Ⅲのところ（本書100頁）に入りたいと思いますが、損害項目と請求権代位というところでございます。被保険者が加害者等の第三者に対して保険給付の対象とはなっていない損害項目について損害賠償請求できる場合、請求権代位による移転範囲の基準となるてん補損害額はどのように決定されるべきかという問題であります。学説におきましては、従前から、請求権代位が被保険者の利得を排除するための制度であることを根拠に、代位の対象となる債権は保険による損害てん補の対象と対応する損害についての賠償請求権に限られるとする考え方、いわゆる対応原則といわれておりますけれども、このような対応原則の考え方が支配的であったといわれております。先に申し上げましたように、てん補損害額は「損害保険契約によりてん補すべき損害の額」でございますので、当該損害保険契約において、てん補の対象となっていない損害項目は含まないというふうに解するのが自然であろうと思われますが、この対応原則は、約款、保険法の中に明確に規定されているわけではございませんので、疑義がないわけではないといわれているところです。

　原則論といたしましては、損害保険契約はある特定の被保険利益を対象とするものでございますので、当該被保険利益とは別の利益に損害が発生したとしても、この損害は当該保険契約とは無関係でありまして代位の対象とはならないといえるように思います。これが対応原則から導かれる当然の帰結でございますし、訴訟提起のための弁護士費用ですとか、損害元本に対する遅延損害金など、裁判例においては代位の対象から除外されているところであります。しかしながら、人身損害については、損害保険契約における被保険利益の特定と、損害賠償における賠償額の算定における損害項目の特定とが合致しない場合もありえ、対応原則を貫徹することは困難であるということが指摘されております。損害賠償請求の局面で、包括的な損害額、具体的な損害項目を立てて計算するのではなく、包括的に被害者に発生した損害を認定するという場合も同様の問題が発生します。

## 2　項目別比較法と積算額比較法

　保険法におきまして、てん補損害額を特定する方法といたしましては、損害の共通性を項目ごとに確認し、その合計額について代位を認める項目別比較法、つまり損害の共通する項目ごとに比較しつつその中でここに代位を認めていくという考え方と、被保険者債権として被保険者が請求しうる損害賠償の総額と保険給付の総額、この総額との差額について代位を認める積算額比較法と呼ばれる考え方に分かれようかと思います。

　差額説では、保険給付額すなわち支払保険金額と損害賠償金の合計額が「損害額」を上回る場合に、その差額について保険者が代位取得するということになります。そのため、ある損害項目が保険給付に含まれていないけれども、損害賠償には含まれているという場合には、項目ごとの比較をする項目別比較法では、その項目については代位が発生しないことになりますが、それぞれの総額で比較する積算額比較法では、相対的に損害額が大きくなりますので、保険者が代位する被保険者債権の範囲は狭くなり、被保険者に有利な結果が生じることになります。代位の範囲について、項目別比較法と積算額の比較法のいずれによるべきかは、保険法25条１項からは明らかではなく、解釈によるべきことになろうかと思います。

## 3　車両保険（物保険）における対応原則

　続きまして３に入りますが（本書102頁）、いわゆる物保険については、保険の目的物である財産の評価額（保険価額）を基準として損害額が算定され、てん補の対象も約款上明確に特定されているのが通例でありますので、物保険に限って申し上げますと、項目別比較法がなじむといえそうです。しばしば問題になりますのが、車両保険において保険給付の対象から明示的に除外されている休車損害であります。

　東京高等裁判所の平成30年４月25日の判決は自動車保険契約に加入していた会社が、交通事故により修理費用約88万円、それと休車損害については約12万円の合計約100万円の車両損害を被り、車両保険金として修理費用約88万円につきましては免責金額である10万円を控除した約78万円が支払われたという事案でございました。被保険者である会社の加害者に対する損害賠償請求権、こ

れは、過失相殺により３割減額されておりますが、このうち車両保険金を支払った保険者にどの部分、どの金額で移転するのかという、移転する額が争われたというものでございました。

　原審の東京地裁の平成29年判決では、修理費用の88万円につき過失相殺３割を減額した62万円から10万円、これが不足額ということになりますが、これを控除した52万円が保険者に移転すると結論づけております。休車損害はこの代位の計算には含まれておりませんので、請求権代位の枠組みとは別に考えることになります。これが先ほど申し上げたところで申し上げますと、項目別比較法による帰結になろうかと思います。

　これに対しまして、上告審であります東京高裁の平成30年の判決では、前述いたしました平成24年の各最高裁判決を引用いたしますとともに、裁判基準損害額について引用したという部分でございますが、次のように判示しております。「過失相殺がされる場合には、被害者に支払われた保険金は、まず損害額のうち被害者の過失割合に相当する部分に充当され、その残額が加害者の過失割合に相当する部分に充当される」と。いわゆる裁判基準損害額として、保険者に移転すべき金額を約48万円と算定しております。計算の方法こそ判示されたものとは異なりますが、休車損害を含めた損害総額の約100万円をてん補損害額として保険給付額の78万円を控除した約22万円を不足額として、加害者に対する債権約70万円から控除する積算額の比較法による帰結ということになります。上記の東京地裁の判断と異なりますのは、東京地裁の方では不足額は10万円ですので、62万円の部分から10万円だけが控除されることになりますので、被保険者である被害者に留保されるのはこの10万円、休車損害は全く別扱いというのに対して、下の上告審の判断によりますと、22万円を不足額としておりますので若干ではありますがこちらの方が大きい金額になるということになります。この後者の東京高裁の判断は積算額比較法、つまり損害の額を項目ごとに代位を計算するのではなくて、損害額100万円、そしてそれを基準としてその部分から保険給付額を計算するという考え方を採っているという点に違いが出てまいります。

　確かに、被害者救済の見地からは、てん補されない休業損害等についての賠償請求権を代位の対象に含めることで、保険者の代位取得すべき額が相対的に

小さくなりますので、その結果、被保険者である被害者に残存する、留保される、損害賠償請求権は増加するというメリットがございますので、対応原則を緩和し、休業損害等の逸失利益をも含めて代位の対象とする被保険者には有利な取り扱いとなるわけです。しかしながら、車両保険契約のように、休車損害がてん補範囲からは明確に除外されておりますし、かつ損害の性質上これを区分するということが容易でありますし、また被保険利益の観点からみても、これは全く違うものであるという区分が容易であるという場合にまで、てん補されない損害をも加えて代位取得する範囲を縮小させるべき被害者救済の要請があるとはいえないのではないかと考えているところです。車両保険のような物保険の分野では、項目別の比較法により対応原則を徹底することができますし、それが妥当ではないかと考えているところです。

## Ⅳ　むすびに代えて

　最後に、「むすびに代えて」（本書104頁）のところですけれども、簡単に申し上げます。保険法25条１項がいわゆる差額説を採用するということで被保険者の利益に資する判断が可能になったという点は様々な裁判例をみても明らかなところでございます。しかしながら、ここで問題として考えておりましたのは、それが故に発生した歪みも否定できないのではないかというところです。

　これは、Ⅱのところで申し上げましたところでいいますと、このような順序の違いから、具体的な、トータルで受領できる、てん補されるその額に違いが発生するということが、発生するのは差額説ならではの問題でありますし、また、Ⅲのところについて申しましても、このような額の違い、対応原則を厳格に貫くべきであるけれども、また難しい問題も発生させるという違いの問題というのも差額説に由来するというところでございます。なかなか難しいところではございますけれども、これまで述べてきたように、近時の裁判例をみますと、差額説の趣旨というのは、代位制度を超えて損害の重複てん補の調整規定にまで及ぶ可能性がございますが、他方で画一的な処理が要求される保険取引におきましては、予測可能性といいますか、処理の明確性でありますとか、当事者間の公平性というのもより強く求められるところではないかと思います。請求権代位制度の趣旨を再構成し、と書かせていただきましたけれども、この

てん補損害額という要件事実についてどのように考えるかということにつきましても、その射程といいますか、要件事実の明確化というのがどのように図られるべきかということも検討される必要があろうかと思っているところです。

　若干、要件事実論とはちょっと異なるようなものになってしまいましたけれども、皆さんの要件事実論において寄与するところがあれば幸いに存じます。以上で私の報告を終わらせていただきます。ご静聴ありがとうございました。

　**田村**　遠山先生、大変にありがとうございました。それではここで、10分間休憩を予定しております。次は3時15分から、潘先生のご報告ということで再開してはいかがかと思います。それでは、ご休憩ください。


（休憩）


　**田村**　それでは再開します。潘阿憲先生、よろしくお願いいたします。

［講演3］
## 傷害保険の偶然性の要件事実

　**潘阿憲**　法政大学の潘でございます。私も法学部で商法を担当しておりまして、主として会社法、保険法を研究しております。今日の傷害保険の偶然性の問題については、私がもう今から20年ほど前になりますけれども、若い時に研究をさせていただいたことがありますが、この問題はまだ議論されているところでありまして、今日は要件事実という観点から改めて考えさせていただきたいと思います。ただ、大学教員の中には相当実体法を研究している教員の中にも、もちろん要件事実のことについて非常に詳しく研究されている方もおられますけれども、私のような者は、従来から要件事実の観点から自分の研究しているテーマについて考えるという機会はなかなかなかったものでありまして、ちょうどこの機会に、このテーマについて考えさせていただきたいというふうに思っています。どうぞよろしくお願いいたします。

## I　本報告の目的

　まず、「本報告の目的」（本書105頁）ということでありますが、保険法では、それまで商法には規定のなかった保険契約類型として、「傷害疾病定額保険契約」というものを設けております。その定義としては保険法2条9号にありますが、「保険契約のうち、保険者が人の傷害疾病に基づき一定の保険給付を行うことを約するものをいう」というふうになっています。この規定にいう「人の傷害疾病」というのは、被保険者の傷害疾病という意味でありまして、これは同じ条文の2条の4号ハに定義があります。また、「傷害疾病」というのは、「傷害」または「疾病」を指すというふうにされております。同じく、この2条の4号ハにあります。ただ、問題は、この「傷害」というのは一体何なのか、あるいは「疾病」とは何なのかということについては、定義規定は実はないのです。定義するのはなかなか難しいというのもあるというふうに思われますが、ただ、従来、損害保険会社において用いられてきた傷害保険約款では、「傷害」についての定義規定を置いておりまして、一般的には「急激かつ偶然な外来の事故による身体の傷害」というふうに定義されております。それで、この定義規定によりますと「急激」、「偶然」、「外来」という3要件が必要になってきますが、これは、被保険者の身体に傷害を生じさせる事故、つまり原因事故の構成要素というふうになります。この3要素のうち、「偶然」というのは、一般的に被保険者にとって予見できない原因から傷害の結果が発生することをいうものであります。これは、故意によらないことと同意義であるというふうに解されてきました。ところが、傷害保険約款では、同時に、保険契約者または被保険者の「故意」によって生じた傷害は、保険者は免責されると規定されておりまして、「偶然」が故意によらないということと同義であると解釈されますと、そもそも「偶然」の立証責任は誰が負うのか、「故意」の立証責任をどう考えるかということが問題となります。

　要件事実の観点からもう少し具体的に申し上げますと、保険金の請求規定、傷害の定義規定ですけれども、これは権利根拠規定ということになりまして、免責規定の方は権利障害規定ということに位置づけられるだろうと考えられますが、そこで民事訴訟法上の通説といわれている法律要件分類説に従いますと、傷害の定義規定の要件については、これは、つまり権利の発生根拠に関わる事

実については保険金請求者が立証すること、他方、故意免責の場合は保険会社が立証するということになります。しかしこの場合、偶然というのは故意ではない、故意というのは偶然ではないという図式になってきますので、そうしますと保険金請求者と保険者の双方は、同じ事実の表裏、つまり偶然性と非偶然性を立証することになります。これは、そもそも矛盾した考え方ということになりまして、一方を証明できれば他方の証明は不要になるわけですから、そうしますと保険金請求者が偶然性、すなわち非故意というのを立証するのか、それとも保険者が故意、すなわち偶然でないということを立証するのかという困難な問題が出てきまして、ご承知のとおり今日まで激しく議論されてきたところであります。

　本日の本報告では、まず、「偶然」という要素の解釈について検討した上で、その立証責任の所在についての判例・学説の展開を検討して、保険法における故意免責規定の新設によって、従来の解釈が影響を受けるのかという点について、検討を加えてみたいと思います。

### Ⅱ 「偶然」の解釈

　それで、「偶然」の解釈ということですが（本書106頁）、損害保険契約については、保険法制定前の商法629条の規定がありました。これは「当事者ノ一方カ偶然ナル一定ノ事故ニ因リテ生スルコトアルヘキ損害ヲ塡補スルコトヲ約シ相手方カ之ニ其報酬ヲ与フルコトヲ約スルニ因リテ其効力ヲ生ス」というふうに定義しております。また、保険法2条6号は、「保険契約のうち、保険者が一定の偶然の事故によって生ずることのある損害をてん補することを約するものをいう」と定義しています。これらの損害保険契約についての定義規定には「偶然」という文言が使われていますが、この偶然というのは、保険契約の成立時点において、保険事故が発生するか否かが不確定であるという意味であり、そしてそれは、客観的な意味での不確定だけでなく、保険契約の当事者および被保険者が保険事故の発生の有無を知らなければよい、という主観的な意味での不確定も含まれると、こういうふうに解釈されてきました。これは判例・通説であります。

　これに対しまして、傷害疾病定額保険契約に関しては、先ほど申し上げまし

たように、保険約款上で「急激かつ偶然な外来の事故による身体の傷害」が傷害保険契約の保険事故として規定されているわけですが、そこでいう「偶然」とは、これも先ほど申し上げましたように、被保険者にとって予見できない原因から傷害の結果が発生するということを意味するものであって、故意によらないことと同じ意味であると解釈されています。

　ではなぜ、同じ「偶然」という用語が用いられているにもかかわらず、損害保険契約と傷害保険契約とで解釈が違うのか、その有する意味が違うのかということが問題になります。大森博士は、損害保険契約における「偶然性」（Zufälligkeit）の解釈について、次のように説明しておられます。すなわち、保険は、同様の経済的危険に曝された多数人の出捐からなる金銭をもって基金を構成し、そのうちのある者について具体的に保険事故が発生した場合に、この基金からその者にある金銭を支払う制度であり、保険関係成立のためには、保険の技術的見地からの要請として、その事故が発生可能であって、かつ発生が未必であることが必要である。なぜならば、当初からすでに発生が不可能なことが明白な事故に対しては、保険加入の希望者はなく、また当初からすでに発生が確定している事故に対しては、いわば危険率が100パーセントになるわけで、保険料はついに保険金と同額となってしまう。そうすると保険の意義が失われる、そういう理由からであります。したがって、保険契約の成立時において、保険事故の発生・不発生は不確定であることが必要となってきます。ただ、契約成立時にすでに客観的に発生している事故であっても、契約当事者および被保険者がこれを知らない場合には、保険が悪用される弊害はなく、保険が可能であるとされていますので、この場合はいわば遡及保険なのですけれども、ここでいう不確定性は原則として主観的不確定性、主観的不可測性をもって足りる。このように損害保険契約における保険事故の偶然性は、「保険制度そのものの可能のための技術的要請」から必要とされるものであるということです。その意味における偶然性は、契約の成立の時点において満たされれば、保険制度自体の成立が可能となるので、契約が成立した後は、事故がいかなる事由によって発生するかは、少なくとも、保険制度の技術的要請の見地からは、あえて問うところではなく、事故が被保険者の心意（故意・過失）に基づいて生じた場合でも、それが法定または約定免責事由として免責されることがあっても、

前記のような意味の事故の偶然性の要請とは直接関係のない問題ということになります。そうすると、被保険者の心意に基づく事故について保険者が免責されるという問題を説明するに際し、かかる事故が偶然性を欠くためといった説明は、適切さを欠き、あくまでも信義則ないし公序良俗違反の問題として捉えられるべきである、というふうに述べておられます。

　このように、大森博士は、損害保険契約における保険事故の偶然性を「保険制度そのものの可能のための技術的要請」として捉えて、この要件が保険契約成立の時点において満たされれば足りるとの解釈を示したわけですが、この説が、通説的な見解となりまして、今日に至っているわけであります。そして、保険法制定前の商法629条は、損害保険契約の成立要件を規定していたにとどまり、保険金請求権の請求要件事実について規定していなかったため、被保険者が主張・立証すべき請求要件事実としては、保険事故および損害の発生、それから保険事故と損害との間の因果関係、最後は損害の額ということになりまして、当然、偶然性は、保険金請求権成立のために必要な要件事実ではないということですので、これについて主張・立証する必要はないということになります。

　従来、これは通説的な考え方として認められてきたのですが、ところがですね、大森説に対しては、近時、有力な反対説が主張されていました。この学説によれば、保険法制定による改正前商法629条の前身である法律取調委員会商法第二読会の686条は、「保険契約は、保険者が物件の亡失もしくは損害の危険その他偶然の事変に由って損失を被りたる財産上の損失を賠償する義務を被保険者に対して負担する契約とす」と規定し、損害の危険その他偶然の事変が原因で損害が発生したことを保険金請求権の成立のための要件事実とする旨を明確に定めていました。それで、この規定の解釈として、財産損害の発生時を基準時として、事故発生が偶然のものであることが要求されることが明らかであるから、商法629条より優れているが、解釈論のレベルにおいては、この商法629条が上記686条の内容を変更する趣旨を含むものではなく、むしろ、同一の内容を規定したものと解すべきであり、改正前商法629条は、保険契約成立時の「偶然性」に言及すると同時に、むしろ、その主眼点は保険事故発生時の事故の「偶発性」を具体的な保険金請求権の発生要件とすることを明らかにする

点にあったと、こういうふうに主張するわけであります。

　大森博士によれば、「偶然」という言葉は、保険契約締結時点における事故の客観的不確定性および主観的不可測性を意味するものだけでなく、事故の発生が、ある人の積極的・消極的心意とは無関係であること、ドイツ語ではZufälligkeit の意味も持っているのですが、前記有力説は、契約成立時における不確定性という意味での偶然性は、損害保険契約に限らず、生命保険契約などあらゆる保険契約において契約成立のために必要な要件事実であるという前提に立った上で、大森説のように、改正前商法629条にいう「偶然な」という語を、契約成立時における不確定性という意味での偶然性に限定することに反対し、具体的な事故の発生態様が Zufällig（非意図的）であることが保険金請求権の成立のための要件事実である、というふうに主張するわけであります。

　しかしですね、反対説のように、改正前商法629条がその前身の法律取調委員会商法第二読会686条と同一の内容を規定したもので、保険事故発生時の事故の「偶発性」を具体的な保険金請求権の発生要件として規定していたという解釈については、立法の沿革からみて果たしてそうなのかという疑問がまずあります。それのみならず、改正前商法629条の文言解釈としても無理があるように思われます。典型的な損害保険契約である火災保険契約についてみてみると、火災保険契約の場合においては、保険事故は火災でありますが、火災とは、「社会通念上火災と認められる性質と規模とを有する火力の燃焼作用」、または、「独立の延焼力を有する燃焼作用」などと定義されております。もちろんこの定義についてもいろいろ議論がありますけれども、火災という概念自体において「偶然」という要素が含まれているわけではありません。このため、保険金請求者としては、請求要件事実として、前記のような意味での火災が発生したこと、当該火災によって損害が発生したことを主張立証すれば足りるはずでありまして、火災の概念には含まれていない「偶然」という要素の存在についての主張立証責任を保険金請求者に負わせる根拠はないということになります。つまり、火災発生が偶然のものであることについてまで主張立証する必要はないわけであります。火災が無関係の第三者ではなく、保険契約者または被保険者自身の意図的な行為によって発生した場合には、これは故意免責の問題として処理されるだけであります。

　このことは、自動車保険の場合でも同じようにいえます。注12（本書110頁）に、最高裁判例をいくつか掲げておりますけれども、例えば、事例として一番最初の最高裁平成18年6月1日判決ですが、これは、被保険自動車がキャンピングカーですけれども、あるマリーナで、なぜか海中に水没してしまったという事故が発生して、被保険者が車両保険金などを請求した、そういう事案です。原判決は、「火災保険契約の約款においては、火災発生の偶然性は要件として規定されていないのであり、車両保険契約と火災保険契約とでは、保険金請求権の成立要件に関する保険約款の規定の内容が異なる。また、実質的にみても、火災事故の立証の困難性は自動車事故のそれとは著しく異なる。そうすると、本件保険契約に基づき車両保険金の支払を請求する者は、事故が偶然のものであることを主張、立証すべきであるところ、本件事故を偶然の事故と認めることは困難であり、本件においては、保険金請求権の請求原因事実の立証がないというべきである。」と判示しました。つまり車両保険金を請求する人は、事故の偶然性について立証責任を負うという判断を示したわけです。

　原判決は被保険者の請求を棄却したわけですが、しかし最高裁はこういうふうに判示しております。「商法629条が損害保険契約の保険事故を『偶然ナル一定ノ事故』と規定したのは、損害保険契約は保険契約成立時においては発生するかどうか不確定な事故によって損害が生じた場合にその損害をてん補することを約束するものであり、保険契約成立時において保険事故が発生すること又は発生しないことが確定している場合には、保険契約が成立しないということを明らかにしたものと解すべきである。同法641条は、保険契約者又は被保険者の悪意又は重過失によって生じた損害については、保険者はこれをてん補する責任を有しない旨規定しているが、これは、保険事故の偶然性について規定したものではなく、保険契約者又は被保険者が故意又は重過失によって保険事故を発生させたことを保険金請求権の発生を妨げる免責事由として規定したものと解される。

　本件条項（報告者注：車両条項）は、『衝突、接触、墜落、転覆、物の飛来、物の落下、火災、爆発、盗難、台風、こう水、高潮その他偶然な事故』を保険事故として規定しているが、これは、保険契約成立時に発生するかどうか不確定な事故をすべて保険事故とすることを分かりやすく例示して明らかにしたも

ので、商法629条にいう『偶然ナル一定ノ事故』を本件保険契約に即して規定したものというべきである。本件条項にいう『偶然な事故』を、商法の上記規定にいう『偶然ナル』事故とは異なり、保険事故の発生時において事故が被保険者の意思に基づかないこと（保険事故の偶発性）をいうものと解することはできない。原審が判示するように火災保険契約と車両保険契約とで事故原因の立証の困難性が著しく異なるともいえない。

　したがって、車両の水没が保険事故に該当するとして本件条項に基づいて車両保険金の支払を請求する者は、事故の発生が被保険者の意思に基づかないものであることについて主張、立証すべき責任を負わないというべきである。」

　このように、最高裁も従来の通説と同じような解釈を採ったわけでありまして、先ほど紹介した反対説の解釈は、理論上の根拠が乏しいというふうにいわざるを得ないわけであります。

　以上に対しまして、傷害保険契約においては、約款上、これは傷害保険普通保険約款なのですけれども、「急激かつ偶然な外来の事故による身体の傷害」が保険事故として定められております。厳密にいえば保険事故は傷害でありますが、当該傷害を生じさせる事故、すなわち原因事故または傷害事故といわれますが、この事故は、急激かつ偶然な外来のものでなければならないということであります。ここでは、「急激性」と「外来性」とともに「偶然性」は、保険事故の要素（要件）として盛り込まれているわけであります。では、なぜ、傷害保険における保険事故の要素として「偶然性」が必要とされているのかという点ですが、考えてみますと、傷害保険というのは、私たちが日常的にいろいろな事故に遭遇しうるわけですから、日常的に遭遇しうるいろいろな事故のうち、その発生により身体に傷害を生じさせるもののみを保険の対象とするものでありますが、身体に傷害を生じさせる事故にも、いろいろな性質や種類のものが考えられるということから、保険者は、その担保範囲を限定するために、急激性、偶然性および外来性の3要件を満たした事故だけを、保険事故である傷害の原因事故として定めて、それによって生ずる傷害を保険保護の対象としたというように考えられます。ただ、傷害保険にもいろいろな種類のものがあり、例えば、交通事故傷害保険やファミリー交通傷害保険などの一部の傷害保険においては、約款上、「急激かつ偶然な外来の事故」という一般的な傷害事

故の概念が定められておりません。それは、一般的な傷害保険つまり普通傷害保険と違って、これらの傷害保険は、すべての急激かつ偶然な外来事故を担保範囲とするのではなくて、主として交通事故といった特定の偶発的な事故による人身傷害を担保するものであるため、あえて3要件からなる傷害事故の概念を定立する必要がないと考えるからであります。現に、同じ交通事故傷害保険、それからファミリー交通傷害保険においても、交通事故以外の不特定多数の偶発的事故を担保範囲として定める場合には、やはり「急激かつ偶然な外来の事故」という概念が用いられています。

　このように、一般的な傷害保険（普通傷害保険）の保険事故は、急激かつ偶然の外来の事故によって被保険者の身体に傷を被ることでありますから、一般的な傷害保険にとって偶然性の要件は、外来性および急激性の要件とともに、保険事故の必要不可欠の構成要素であって、したがって、この場合の偶然性は、単に契約成立時の保険事故の発生・不発生の不確定性ということを意味するだけでなく、さらに、非意図的、すなわち故意によらないことを意味するものと解されることになります。

## Ⅲ　偶然性の立証責任

　以上を踏まえまして、偶然性の立証責任について考えてみたいと思います。なお、このテーマについて、今日の講演会の開始の前に、創価大学の要件事実教育研究所の所長の田村先生からコメントを頂戴いたしました。この偶然性の要件ですね、これをどういうふうに捉えるか、規範的要件なのか、事実的要件なのかということについてのご質問なのですが、規範的要件として一番分かりやすいものは、やはり民法709条の過失のようなものなのですけれども、今まではあまり深く考えたことがなかったのですがコメントをいただいて、少し考えてみたのですが、おそらくこれは規範的要件には当たらないのではないかというような気がいたします。通常の事実的要件ではないのかなという気がいたします。それで、ほかの2つの要件を含めた3要件のうちの偶然の事故、この偶然の事故だったかどうか、これは評価が必要になってきますけれども、この評価を根拠づける具体的な事実が要件事実ということになります。故意は事実的要件というふうに考えられていますけれども、そうしますと、偶然も故意と

同じように事実的要件として捉えられるということではないかなという気がいたします。そういう意味では、偶然の事故という評価を根拠づける具体的な事実が要件事実となりますけれども、それはもちろん間接事実との区別といいますか、境界線があまり明確でなくなるということになりますが、事実的要件として捉えれば、それを裏付ける要件事実は間接事実ということになります。ですから私は、一応事実的要件として捉えるかなという気がいたします。もちろん、違うということであれば、後でまたご意見をいただければ幸いであります。

　さて、Ⅲになりますけれども（本書111頁）、学説においては、従来から、傷害保険金請求権を主張する側において傷害の原因を立証する必要があるということ、それから、偶然性すなわち非故意性は傷害にとって概念本質的な要件であるため、故意によらないことは保険金を請求する側が立証すべき消極的要件であるということを理由に、保険金請求者が事故の偶然性についての立証責任を負うと主張する見解が多かったです。保険金請求者説ということですけれども、ただ、自殺とかあるいは自傷行為は、被保険者の内心の意思に関わるものであり、被保険者の故意によらないことの立証が極めて困難であるということを考慮して、この主観的要件に関する立証は必ずしも厳格に要求されるものではなく、周囲の状況からする判断による一応の証明ないし表見証明で足りるといった見解があります。

　これに対しまして、保険金請求者に故意によらないことの立証責任を課すと、原因不明の事故の場合における保険金請求が著しく困難になり、保険金請求者に厳しい結果になるということ、それから、傷害保険約款では被保険者の故意が免責事由として明確に掲げられているわけでありまして、免責事由の存在は、これは保険者が立証すべきものであるということが原則ですので、そうしますと事故が偶然でない、つまり故意であることの立証責任は、これは保険者が負担すべきではないかという見解も従来から有力でありました。ただ、従来はそうでしたが、今の段階では、この保険者負担説の方がむしろ学説の多数説ということになってきております。

　それで、平成13年の最高裁判決ですが、これは、皆様のご承知のものですけれども、被保険者が、工事中だった3階建ての建物の屋上から転落して、結局、脊髄損傷等によって死亡したという事案でありました。最高裁は、「本件各約

款に基づき、保険者に対して死亡保険金の支払を請求する者は、発生した事故が偶然な事故であることについて主張、立証すべき責任を負うものと解するのが相当である」と判示しまして、その理由として、①発生した事故が偶然な事故であることが保険金請求権の成立要件であること、②そのように解さなければ、保険金の不正請求が容易となるおそれが増大する結果、保険制度の健全性を阻害し、ひいては誠実な保険加入者の利益を損なうおそれがあることを挙げておりまして、故意免責規定というのは、確認的注意的な規定であると、こういう解釈を示しました。この平成13年最判によって、傷害保険における偶然性の立証責任は保険金請求者側が負うという判例としての準則が確立されたわけですが、学説においては、特に②の理由づけ、つまり保険金の不正請求が容易になるという理由づけについては、これは不適切ではないかというふうに批判されておりまして、注18（本書112頁）をみていただければ、多数の学説が保険金請求者説を批判しており、現在、こちらの方が多数説ではないかというふうに思われます。

　もっとも、保険法80条の免責規定は、これは任意規定でありまして、故意免責に関する立証責任の所在については、個々の保険約款にかかる保険約款の解釈にゆだねられております。先ほど申し上げましたように、傷害保険契約には、担保範囲を限定するために偶然性を含む3要素を要件とする傷害事故の概念を規定している一般的な傷害保険契約（普通傷害保険）と、交通事故といった特定の偶発的事故のみを担保するために、そのような傷害事故の概念を定立していない傷害保険契約（交通事故傷害保険等）とがあり、前者においては、偶然性を含む3要素は保険事故である「傷害」の本質的内容となっていますので、私は個人的には、保険金請求者において、偶然性を含む3要素にかかる要件事実について主張・立証する責任を負うというように、まだ考えております。その限りにおいて、保険法80条ないし傷害保険約款上の故意免責規定は、確認的規定というふうになります。確かに、そうしますと、普通傷害保険の保険金請求権者にとって、これは他の傷害保険の保険金請求権者よりも不利な立場になるということになりますが、これは担保範囲の限定という保険商品の性質上のものでありまして、その内容が著しく不当なものとはいえないのではないかと思われます。それで、実際に契約者から、消費者契約法10条によって無効だと

する主張を裁判上でされることがありますが、そこまでいうことはなかなか難しいのではないかと考えられます。近時の下級審裁判例をみてみましても、最高裁判例の立場がほぼ維持されておりまして、保険法80条の法定免責規定が任意規定であること、約款上、傷害保険金の発生要件として急激かつ偶然な外来の事故が定められていることを理由に、事故の偶然性すなわち被保険者等の意思によらないことの主張立証責任は、保険金請求者が負うというように判断しているものが非常に多くみられます。注23（本書114頁）で、その一部を挙げておりますけれども、消費者契約法10条との関係でも、偶然性の要件は一般的な傷害保険において傷害事故の概念を構成する不可欠な要素であること、それから保険金の不正請求を防止し保険制度の健全性を確保するためにこのような約款を設けることには合理性もあることを理由に、この約款が信義則に反するほど消費者の利益を一方的に害するとまではいえないということで、その主張を退けた近時の裁判例ですけれども、注24（本書114頁）に挙げましたが、いくつかあります。まだ少し時間が残っていますけれども、とりあえず私の報告は以上とさせていただきたいと思います。どうぞよろしくお願いいたします。

　**田村**　潘先生、ありがとうございました。それでは、4時5分から再開ということでよろしいでしょうか。それまで、休憩ということにさせていただきます。

　（休憩）

　**田村**　それでは、時間になりましたので、再開したいと思います。それでは、コメンテーターの先生方からのコメントということで、最初に今井和男先生、よろしくお願いいたします。

［コメント1］

　**今井和男**　はい。今井でございます。それでは私の方からコメントをさせていただきます。嶋寺先生、遠山先生、潘先生、ご報告、本当にありがとうござ

います。よく分かりました。

## 1 嶋寺基弁護士報告について

　最初の嶋寺先生については、告知義務違反解除という従前からよく議論され
ているテーマを保険法の条文の構成が、二段階構造の条文となって、法律要件
分類説による立証責任の分配という観点から、大変分かりやすく整理してお話
をいただいたと思います。そこで、私の方からは、嶋寺先生のご報告について、
２点ほど、コメントと感想を申し上げます。ご意見いただければありがたいと
思います。

### (1) 重要な事項について

　まず第１点は、「重要な事項」というところですが、嶋寺先生が整理をして
いただいた①、②、③、④、つまり、①番目については、「危険に関する重要
な事項」について告知を求めたこと、②番目に、告知を求められた事項につい
て事実の告知をせず、または不実告知をしたこと、③番目に、そうしたことに
ついて故意または重大な過失があること、そして最後④番目に、保険会社の方
が解除を行うこと、このように整理をされているわけですが、この「危険に関
する重要な事項」というのは、条文が、４条と28条にきれいに二段階に分かれ
ておりますので、極端にいえば聞かれたことにのみ端的に答えていただきたい
ということですが、その関係で、重要事項というのは、両説があるように思
われます。すなわち、聞く側の保険会社の方に重要であることの主張立証責任
があるというふうに考えるべきなのか、それとも、保険会社が危険選択の上で
聞いていることですから、もう告知する事項の中にインクルードされているん
だというふうに考えて、そこに争いがあるとしたら保険会社の方が聞いている
告知事項についてそれが重要でないと争う場合には、むしろ原告（保険金請求
権者）の方からの積極的な立証が必要になると考えるべきなのか。ここのとこ
ろをどういうふうに整理したらいいのかということが１点でございます。

　それとの関係で、因果関係不存在特則なのですが、因果関係不存在特則は、
コメントに書かせていただいたとおり、因果関係不存在というのは具体的には
どんな場面なのかなということが疑問だったのですが、ここに関しては、嶋寺

先生の方から具体例も示していただいたので、そういうことがあるかもしれないと納得できました。そして、因果関係不存在というのは、再抗弁としているわけですから、結局先ほど申し上げた、重要でないというようなことと実は関連があって、因果関係不存在というのは「重要ではない」ということを、実は裏返していっているだけのことではないかと、すなわち、前述した「危険に関する重要な事項」の「重要」でないこととは、つまるところ「因果関係の不存在」をいうことと同趣旨ではないか、そうだとすれば告知すべき事実は、保険者が危険選択の上で必要と思われる事項につき求めるのであるから、告知を求めた事実は基本的に「重要な事項」と考えて、それに対する不告知または不実告知の場合に、保険金請求権者が「重要な事項」ではないと争う場合に、その真意は端的に「因果関係の不存在」であると考えられ、これを再抗弁として提出することによって、争い方も主張立証の俎上に載りやすく、その意味で「重要な事項」でないことと、「因果関係不存在」は表裏の関係にあるともいえるのではないか。そんなふうにも思いました。その点についてどのようにお考えになるのかということが知りたいと思いました。

## 2　遠山聡教授報告について

### (1)　本報告の目的と問題の所在について

それから、2番目の遠山先生のご報告ですが、てん補損害額それから被保険者債権額、その辺をどう捉えるのか、被保険者債権額はともかく、てん補損害額をどう捉えるのかで、いろいろ結果が変わってくることは詳細にお示しいただいたので、そのとおりだと思った次第でございます。

### (2)　損害査定基準と請求権代位について

保険法25条1項の請求権代位の問題ですが、ここで、遠山先生からお示しいただいた自動車保険契約の人身傷害補償保険契約で出された具体的な数字が出ているわけですが、裁判基準では500万円、人傷基準では350万円の損害額が認定され、被害者過失1割が相殺されるという例を示されて、したがいまして、被害者が加害者に直接請求すれば450万円の損害賠償請求ができ、人身傷害補償保険の保険者には350万円の保険金の請求ができるというケースが引用され

ております。これにつきまして、てん補損害額について、人傷基準差額説を採った場合と、裁判基準差額説を採った場合で、結果が異なるということが具体的に示されております。人傷基準差額説によれば、350万円が保険者に移転し、裁判基準差額説によれば300万円にとどまるとなっています。それで、結果的に、これは、過失相殺分の1割、50万円分について、これを保険金請求権者が負担する結果（人傷基準差額説）と、保険者が負担するという結果（裁判基準差額説）に分かれて、その分、裁判基準差額説の方が「被保険者の利益が優先された判断」になるというふうに示されております。

ここでのテーマは、お話しいただきましたとおり、損害賠償先行型か人傷先行型かで被保険者が受領する額が違うというところが、これは問題なのか、いやいや問題ではないのか、そういう点です。最高裁平成24年2月の判決の補足意見では、この点については明らかに不合理であると指摘されており、故田原判事も最高裁平成24年5月の判決の補足意見で約款の見直しの必要があるのではないか、このようなことを指摘されているわけです。しかし、そもそも、同法25条1項は、請求権代位の話ですので、最初に450万円の損害賠償請求ができてしまうと、旧約款ではですが、そもそも、この保険金請求ができなくなり、被害者は結果として450万円止まりで裁判基準である500万円の50万円が請求できないということに対して、これはやっぱり不合理ではなかろうかということがいわれていたと思うのです。同法25条自体は、請求の代位の問題であって、保険会社が払ったときに、どの範囲で代位できるかという問題ですので、そもそも、被害者が加害者に直接請求してしまったのならば保険会社がいくら払うべきかという場合の問題は、直接は同法25条の代位請求の問題ではないと思われます。保険金請求を先行させた場合と賠償請求を先行させた場合とを比較すると、後者の場合、被保険者が加害者に全然請求できない結果として50万円少なくなるということ、これは不合理ではないかという問題設定だと思うのです。判例が示すように被害者が500万円を請求できる場合とできない場合があるのはおかしい、調整すべきだということについて、保険約款の読み替えとして山下先生がご提案され、そしてそれが今実務として定着し、賠償先行型と人傷先行型で結果が変わらないことによって、被害者の地位の保護という面では解決されたという状況が今だろうと思います。それはそれでなるほどと思うものの、

この保険の約款をこういうふうに読み替えをしない方法でも、法の解釈による解決ができないのだろうかと感じています。すぐに解決策が思い当たらないのですが、この点ご検討いただければ幸いです。

### 3　潘阿憲教授報告について

　最後に、潘先生の傷害保険における 3 要件ですね、急激、偶然、外来の要件、これも、保険事故、保険の裁判では従来から大変問題になっているところでありますが、潘先生からいろいろ学説や、かつての大森先生から始まり、ほとんどの学者の先生のご意見等を汲んでいただいて、潤沢な報告をいただきました。それで、現在も、この約款どおり偶然の立証責任は請求する側にあるのかという論点が問題点として取り上げられております。偶然というのを故意でないと読み替えれば、故意免責があるのだから、偶然でないということは故意だということとイコールだと考えるならば、最初から、偶然の立証責任は保険会社が負えばいいではないかという、強い意見があるのもよく存じ上げております。

　レジュメにも記載いたしましたとおり、最高裁平成13年 4 月20日判決は「偶然性」の要件につき、保険金請求者が立証責任を負うというふうに判断したといわれております。

　ただ、これはご報告にもありましたとおり、法律要件分類説に忠実だというふうにいえばいいものの、判決理由には大きく 2 点書かれてありまして、 2 つ目の方が大変非難されていて、確かに余計なことを書いたのではないかという感じがしています。

　それから、平成19年のほぼ 1 週間以内にわたって 2 つの最高裁判決（平成19年 4 月17日判決および同月23日判決）がありまして、保険金請求者は盗難の外形的事実を主張立証すれば足りるんだというようなことをいっている似たような判決が 2 つ出ております。これを、立証責任を転換した判例とみるかどうかという点についても、諸説あります。

　また、つい先日、保険事例研究会（公益財団法人生命保険文化センター主催）でテーマとして取り上げられました、仙台高裁平成28年10月21日判決も、やはりこれは偶然性の問題がどちらに立証責任があるかということも争われた判決（判示内容は後記参照）です。高裁判決なのですが、上告されていまして、最高

裁平成29年３月10日決定で上告不受理になって仙台高裁が確定しておりますので、これも、最高裁判決とみてよいのではないかと思います。

　私見ですが、法律要件分類説に忠実であれば、やはり約款上では急激、偶然、外来と書いてあるわけですから、権利の発生・障害・消滅・阻止を主張するものは、それぞれの要件事実について立証責任を負うという原則は、保険法においても例外ではないと思います。ですので、偶然性の立証責任はやっぱり保険金請求者にあるものと考えております。

　そうではなくてこれは保険金請求者ではなく、保険会社が負うという説の論拠の１つは、故意免責が保険法80条等にあり、故意または重過失を保険会社が立証すれば、故意免責が立ちますので、そうだとすれば最初から偶然性がないことを保険者が立証責任を負えばいいのではないかという意見はそれなりの根拠はあるように思います。故意でないことは偶然だ、故意であることは偶然でないことという全く裏表の関係になっているという前提に立てば、そういうご意見ご主張も、なるほどなということもないわけではないのですが、でもやはり法律要件分類説に忠実に立てば、保険会社が、偶然でないこと、つまり約款における急激、偶然、外来のところの偶然を争う時に、偶然でないということを主張することは、保険金請求者に主張立証責任のある偶然性の主張立証に対する反証に過ぎないのだろうというふうに思います。偶然であることに対する反証は、偶然性の立証をグラグラさせればよいわけですから、それをもう少し一歩進んで、故意だというところまで立証する必要はないのではないかと、こういうふうに思うわけです。したがいまして、逆に故意免責を抗弁として積極的に主張するという面では偶然性を否定するだけでは足りないのではないかと思います。

　偶然だということを主張するのは大変だということについては、故意を主張するのも同じようなことなのですが、この点については先ほどお示しの仙台高判平成28年10月21日では、「保険金請求者にとって、保険事故の具体的経緯を立証するのが必ずしも容易なものとはいえないこと、一般に人は相応の理由がない限り、自死するものではないことに照らせば、保険金請求者としては、発生した事故の態様が、外形的、客観的にみて、被保険者の故意に基づかない原因により十分に発生し得る態様であることを立証すれば、事故の偶然性は推認

され、保険者の側で被保険者の自死を疑わせる事情を立証して、要するに偶然性の推認を覆さない限り、当該事故は偶発的な事故であると認められる。」と書かれています。偶然性について、一応の証明がなされた場合には、次には、抗弁の方に移るのだろうと思います。この判決はそのことを示しているものと思います。偶然性にしても故意にしても直接の立証はいずれも大変ですが、いずれにしてもそれは、間接事実や間接証拠によって偶然性を推認する、故意を推認するというようなところは同じではないかというような感じがいたしますので、この仙台高裁判決が大いに参考になるのではないかと思います。

　要するに、偶然性の立証責任は保険金請求者にあることは平成13年4月20日の最高裁判例のとおりだと思います。ただ実際の立証のハードルが高いということについては、間接証拠や間接事実による立証でできるのではないか、こんなふうに考えております。以上でございます。

　**田村**　今井先生、大変にありがとうございました。では、続きまして、山下友信先生、よろしくお願いいたします。

[コメント2]

　**山下友信**　山下でございます。本日は、三先生、ご報告ありがとうございました。大変勉強になりました。とはいえ、各報告について、そうですね、ということだけ言っていたのでは、聞いている人もあまり面白くないかと思いますので（笑）、多少は批判めいたことも含めてコメントをさせていただきます。

### 1　嶋寺基弁護士報告について
#### ⑴　告知義務における重要性の位置づけ
　まず、嶋寺先生の報告についてでありますが、第1点は、告知義務における重要性の位置づけということで、これは先ほどの今井先生のコメントの第1点にも関わるところです。この告知すべき事実の重要性という要件が、従来の議論だと当然に嶋寺先生の整理では保険者の告知義務違反の主張をするための主要事実になっていたと思うのですが、嶋寺先生の今回のご報告では全く保険会

社の主張立証すべき事実から外れているように読めるわけですが、それでいいのかということであります。ただ、全く重要性がないようなことを質問してもそれでは告知義務違反が成立しないというのは当然で、ご報告の中でも、保険者が自らの危険選択にとっておよそ意味がない事項を質問することは質問事項としての重要性を欠き、もはや告知事項に含まれないものであるからこの質問に対して真実を回答しなかったとしても、告知義務違反に該当することはないとされています。これが、その前後の告知義務違反の主張の話と全然切り離された別次元の問題になっているような気がするのですがそれでいいのかということです。嶋寺先生の別に書かれている論文をみても、要するに、保険法では告知義務を質問応答義務にした、そのために告知すべき事項の重要性というのは保険会社が質問する前提として保険会社が決めるべきはずのものである。だから、告知書で質問書を作る前に、何が重要な事項かは保険会社が決めているのであって、それはもう自明のことだとされているようです。それが全く的外れであれば、告知義務違反は成立しないけれども、告知義務についての中ではもう事前に決まったレベルの話だという議論でよいのかということで、考えてみると、レジュメ（本書86頁）の中でも、4条と28条の2つの条文を整理されているのですが、嶋寺先生のご議論は28条に即して要件事実を考えていくからそうなるので、この4条と28条は別の条文に保険法では置かれたことになっていても、これは一体の関係とみるべきではないのかということです。その意味で、改正前商法の下における告知義務の議論を、私は変える必要は全くないと考えています。確かに文言的には改正をしているのですが、改正前も実質的に告知義務は質問応答義務として解釈されていたわけであります。そこで行われていて誰も疑問を感じなかった議論を、法律を変えたから、文言に即すると従来の議論は修正をする必要があるというのは、当たっていないのではないかというのが、第1点の重要性に関するコメントです。

## (2) 告知妨害の適用範囲

告知妨害については、私は以前に書いたものの中で、積極的な告知妨害とか不告知関与がなくても、募集人が告知義務者において告知義務違反をしているということを認識できたのであれば、それにもかかわらず、何も注意をしない

で、そのまま見過ごして告知をさせて、契約を取るというのは、告知妨害と同視してもよいのではないかと述べましたが、それは当たらないのではないかというご報告だったかと思います。私見は、文言的に苦しいのは明らかなのでありまして、私も相当無理があるかなあと思ってはいるのですが、ただ、こういう議論を、有力な弁護士の先生たちが強くおっしゃるということは、コンプライアンス的な観点からはいかがなものでしょうか。嶋寺先生の今日のご報告でも顧客本位の原則とか、監督法的な規制のあり方の関係ではもちろん望ましくないというふうなことがあり、そういうことを私も今日は言おうと思っていたのですが、先に言われてしまいました（笑）。そういうことなのですが、保険法の問題としても、高名な先生がこう断定されますと実務が緩むのではないかなという印象を持っていますので、裁判で主張されるのはご自由ですけれども、少し控えていただくとありがたいなあというところでございます。

### (3)　因果関係不存在特則の証明

　それから因果関係不存在特則の方につきましても、改正前商法の下では古くからこれは告知義務違反の効果を認めないための好ましくない例外的規律だという位置づけだったのですが、保険法の制定の際の議論では、場合によって非常に過酷となりうる告知義務違反の制裁的効果を弱めるための、例外的な原則として少し積極的に位置づけてはどうかというふうなことを、多くの関係者が認識していたと思うので、嶋寺先生が、これは例外的な原則なんだから広げない方がよく、昔の判例どおりでよいということを当然の前提とされるのはいかがなものかなと思ったところです。ただ、因果関係がない場合ということについては、古い判例のように極めて限定して、病気の告知義務違反があったけれども、交通事故で死んだというふうなものに限定しないで、もう少し広げるとする場合の広げ具合というのは、私もまだ考えていてもよく分からないところなので、その点は今後ともどちらの立場からも考えていく必要があるのかと思います。

## 2 遠山聡教授報告について

### (1) 人身傷害保険における損害の意義

遠山先生のご報告については、まず、第1点の人身傷害保険における損害の意義といいますか、代位の範囲の問題で、先生のご報告では、賠償が先行されたケースについて約款の改定が行われて、判決または裁判上の和解による賠償額の支払いを先行した場合には、裁判基準を元に支払保険金額を計算するという約款改定がされたけれども、それを、それ以外の判決や裁判上の和解でない場合にどのぐらい広げられるかについて、結論としてはハードルが高そうだということではありました。ですが、何か類推適用を認めてもよいような気もするわけで、今日のご報告の中で指摘されたADRで和解がされたというような場合などは十分類推する合理的な理由があるのかと思います。要するに裁判基準と人傷基準に違いがある中で裁判をして、判決により裁判基準で賠償額が決定されたら、それに従いましょうということなわけですから、裁判外でも、実質的に裁判基準と同じような基準で算定された和解案を出していったら、認めてやってもよいというか、認めない論理的理由はないような気もするのです。ただ、裁判基準による和解額であることはどうやって証明できるのかよく分かりませんが、類推の余地はあるかというところです。その点についてコメントいただければと思います。

### (2) 対応原則の適用

2点目は、対応原則の話です。これは今日ご出席の洲崎先生がもともとは主張されるようになって、それが広まって最高裁も原則そのものは肯定しているのですが、いろいろと考えていくと、どこまで適用できるのかということです。要するに保険の支払基準と損害賠償の支払基準は必ずしも同じではないわけですから、それらが違う場合にどういうふうに適用されるのかという、その辺りの問題があろうということで、今後いろいろなケースが出てくると、それぞれ悩ましい問題になるのかなということです。

その1つの現れとしてごく最近の東京地裁令和2年6月29日判決（金判1602号40頁）は、損害保険の利益保険に当たるような保険で営業が休止または阻害されたために生じた損失をてん補する保険で、そのてん補される営業損失が喪

失利益と収益減少防止費用とから構成され、それぞれの算出方法が定められているわけです。それで、この対応原則をその2つで構成される営業損失全部で適用するのか、個別の逸失利益ないし費用ごとに計算するかで結論が変わってくるというケースで、この判決は、両者一体として対応原則を適用するということをいっているのです。一つの考え方かとは思うのですが、こういう損害保険でてん補する損害といいますか、別の角度からいえば被保険利益をどういうふうに構成するのかということです。ご報告の中で出てきた車両保険などの物保険では、まだわりと整理しやすいと思うのですが、利益保険、費用保険とか、抽象的な財産的利益に関する保険では、いろいろな被保険利益の構成の仕方があるので、それと損害賠償の算定の仕方との関係を考えていくと難しい問題もありそうなので、この判決については賛成論反対論両論ありうるかなと思うのですが、その辺り遠山先生のご見解を伺えればありがたいと思います。

### 3　潘阿憲教授報告について

　潘先生のご報告につきましては、先ほどの今井先生のご報告の中でも紹介されていた仙台高裁平成28年10月21日判決は、保険金請求者の主張立証すべき事実を外形的な傷害が発生した事実というところまで落としてもいいという判示をしており、これに対しては、生保のサイドの弁護士の先生方は全く論外だというご意見かと思うのですが、私は少し考えてもいいのかというところで、要するに最高裁平成13年4月20日判決の立証責任の分配でよいというのが潘先生の結論ということだったかと思いますが、最高裁平成19年4月17日判決の自動車の盗難保険の判例が出たことによって、主張立証責任の分配のあり方について、判例の考え方が平成13年の頃とは変わってきたのではないのかという気がしております。

　自動車車両盗難という事故については、これは盗難が保険者の意思によらない占有の喪失であるとしますと、保険金請求者が、意思によらない占有の喪失であることの立証責任を負うことになるのですが、他方で、故意の保険事故招致は、保険者免責事由とされていて、約款の構造は傷害保険のそれとも共通するともいえるわけですね。傷害保険の偶然性の要件は故意によらないということだという解釈は、本当にそうなのかなという気がしなくはないではないです

が、一応、みんなそうだと思っているので、それを前提にすると、車両保険の
盗難事故でもその点は同じです。ところが、最高裁平成19年4月17日判決は、
保険金請求者は外形的に盗難に当たる事実があったことを証明すればよくて、
それに対して保険者は故意の盗難という保険事故であることを証明することを
要するとしたわけです。約款の構造は類似しているのですが、13年最判は、故
意の事故招致免責規定には全く存在意義を認めず、確認規定だというんですね。
そこで違いがあるというわけですけれども、19年最判がどうしてそこでいって
いるような立証責任の分配をしたかというと、車両保険の約款では、当然のこ
とながら故意の保険事故招致免責規定が置かれていて、これを確認規定だとは
誰もいわないわけですよね。だから、それは事故が盗難であっても、故意の事
故招致免責を確認規定で実質的意味がないとはいえないから、そうすると、故
意によらない占有の喪失というのと、それから故意の事故招致免責両方、約款
上意味があるというふうに理解すると、19年最判のようなことになるのだろう
というわけであります。これに対して、19年の最判がなぜ傷害保険には適用さ
れないとみんな考えているかというと、それは13年最判で、故意の事故招致免
責は確認規定で意味がないからだといっているわけですから、それを自明の前
提とすると19年最判は傷害保険には応用可能でないということになるのだと思
うのですけれども、そう自明にしなくてもいいではないかということで、傷害
保険でも故意の保険事故招致免責規定をわざわざ約款でも置いているわけであ
りますから、そこはそれなりの意味を認めていいだろう。そうすると、盗難車
両の盗難事故と同じような立証責任の分配、すなわち請求者側は外形的事実を
証明すればよい。その証明が成功すれば保険会社が故意だったという証明の責
任を負うという解釈が約款の合理的解釈として十分成り立つのではないか。

　ただ、その場合にやはり外形的事実として何を証明するかということが問題
になるので、これがはっきりしないというのが今のところの問題点です。今日
も参加されていると思いますが、京大の山下徹哉先生が書かれた論文の中では、
その点がやはりネックになるので判例でよいというふうな結論を取られていた
かと思いますけれども、ただ、盗難事故について最高裁が設定したような外形
的事実として証明すべき事実をどういうふうに文章化するというか、そこのと
ころを考えればいいので、外形的に傷害があったというふうな事実ということ

で抽象的にいっておいて、あとは、先ほどの今井先生のコメントにもあったように、保険金請求者側に何らかの証明を求めるにしても、それが完璧な事故だということを求めることはできないので、証明度を軽くするというのでしょうか、そういう証明度を軽くするということとペアで、抽象的には外形的事実ということで、立証責任を分配するぐらいでよいのではないかという感想を持っております。

　実際の車両の盗難保険の19年最判の後の裁判例をみても、そんなに請求者側の立証が楽ではないのですから、傷害保険でも、保険会社もそう心配するようなことにはならない。傷害保険の最近の判例をみても、有責とされた事例と、それから免責とされたというか事例の切り分けは事例をみてもだいたい問題ないように思うので、実際は、外形的事実の証明ぐらいでとどめている、他方で保険者の故意の証明も過剰な証明まで要求しないというような運用がされていて、適当なレベルにいっていると思います。そうすると、立証責任の分配論の表現としてあまり請求者側に主張立証責任があるということを強調しすぎないで、もっと柔軟に解釈できる文言にしてはどうなかと思っている次第です。

　少し時間が超えたかもしれませんが、以上でございます。よろしくお願いいたします。

　**田村**　ありがとうございました。予定ではこの後、質疑応答ということになりますけれども、ただいま様々コメントをいただきましたので、講師の先生におかれましては、なんらかの応答、リプライをしたいということもあるのではないかと思います。そんなに時間がありませんけれども、お一人10分程度ぐらいで、何かリプライをしたいということであれば、おっしゃっていただいて、特にないということであればそれで構わないと思います。それでは、講演の順番どおりで、嶋寺先生からお願いいたします。

　**嶋寺**　今井先生、山下先生、大変貴重なコメントありがとうございます。お二人の先生方がいずれもご指摘になられた点が重なっておりますので、すべてのご意見にお答えできるわけではありませんけれども、今お聞きした範囲で、私の意見を述べさせていただきたいと思っております。先ほど、報告の中で申

し上げましたように、今回は、要件事実の研究会ということでありますので、そういう意味で今後のさらなる議論というところにつなげていければと思っておりますけれども、今の時点でもう結論が出ているというものではなく、まさに今日コメントいただいたところにまで広げて、さらに私自身も検討を深めてまいりたいと思っております。

　大きなところでいいますと、山下先生からご指摘があった全体の実務が解釈によって緩んでしまうようなことがあっては、というのはまさにそういうことを意図しているわけではありませんので、どちらかというと、保険法の研究という観点を、今回は要件事実と絡めながらお話しさせていただいたところでございます。特に、保険法ができた後に、いろんな解釈論を拝見している中でも、条文の文言との整合的な解釈というところについて、必ずしも言及されていないところもあったりすると思うのです。そういう意味では、見解を改めるべきというよりは、保険法とどう整合させていくかというところが、告知義務に関しても、決してもうすべての論点が解決済みではなく、さらに検討の余地があるのではないかなというのが私自身の大きな問題意識としてございます。

　今井先生、山下先生お二方からご指摘いただいている重要性のところに関して、少しコメントさせていただきます。新しい保険法の下では、質問応答義務という構造になっていて、質問する保険者の側にも、重要性、重要な事項を質問するということがやはりルールとしてはかかってくるだろうと思います。そういう意味で、質問事項について、重要なものを聞いていくということはあると思うのですが、質問事項の重要性という以上は、やはり事実の重要性とは違いますので、重要の意味は何かということが議論としてはありうると思っております。それで、やはり保険会社が質問するにあたっては、危険選択になんらかの形で資するようなものを聞いていくということにはなってくると思います。ですので、今井先生からご指摘があったとおり、当然無関係のものを聞くはずがないということは大きくはそのとおりかなと思っておりますが、保険法という法律の構造の中で考えたときには、やはり関係ないことをたくさん聞いて、それを告知義務違反につなげていくというような一種の濫用的なことがあってはいけないだろうと思いますので、その意味で、一定の枠がはまってくるということはあるのかなと思います。

　私自身の問題意識としては、質問応答義務の中で、その重要性の判断を告知義務者にさせない、つまり重要性の判断をしなくてもよいというような構造になっているという点は、全体的には告知義務者に有利な部分として考える余地があるのかなと思っております。その代わり、質問に対しては正直に答えてもらわないといけないというような非常にクリアな要請としてあるのかなとみておりまして、特に昨今の告知書を見ますと、非常に質問が分かりやすくなっておりますので、その質問に対して該当するのに「いいえ」と答えるということについては、やはり故意によるものとみられるケースというのは実は非常に多いのではないかなと思います。ですので、先ほど申し上げた告知事項の明確性との兼ね合いというのは常にあると思いますが、やはりその分かりやすい告知事項に明らかに該当するのに、これに反したことを回答するというのは、故意による告知義務違反ということで判断されてしかるべきなのではないのかなと。そのときに故意の要素として、重要性についても認識していなければいけない、特にその重要性を保険として引き受けができないような事実であるということの認識まで必要ということになると、そこは故意の要件が重すぎるのではないかなと、そういう問題意識があるところでございます。

　両先生ご指摘のとおり、事実の重要性というのは全く無視してよいというわけではないと思いますが、しかし質問事項が重要であること、それに対応する事実が存在することというのは、新しい保険法でも必要だと思いますが、その事実自体が引き受けができるかできないかというところの切り口については、保険法は少し変わってきているのではないか、質問に正しく答えてもらうというような発想がより強く出ているのではないかと思います。先ほど山下先生からご指摘があったとおり、もともと今までの実務でも質問というのは行われていたということがあると思いますが、純粋保険法として考えて、法律レベルで考えたときには、商法と保険法というものが自発的申告義務か質問応答義務かが法律レベルで変わっている。この構造の違い、質問応答義務と自発的申告義務の違いが、従来の解釈論になんらかの影響を及ぼすのではないかということが私は引き続き研究テーマとして残っていると思います。それで、山下先生ご指摘のとおり、別に問題があったから変えたとか、その積極的意図があるかどうかは、これは別の問題だと思っておりまして、あくまでも、大きい法律とし

ての構造の違いが解釈論にどういう影響があるかということ、またひいては、全体として被保険者の保護というのを保険法は目的としておりますが、個々の改正を取り上げた場合にはすべて有利にならなければいけないということではないのかなとも思います。まさに、過度の負担を負わせないということは維持しつつも、なんからの形で保険法が制定されたことに基づく解釈論への影響というのは、引き続き検討の余地があると考えております。まだまとまっておりませんが、そんな問題意識を説明させていただいたところでございます。

　あとは、因果関係不存在特則のところに関して、これも今井先生、山下先生両方からご指摘いただきましたところでございます。実際に今井先生からご指摘があったとおり、重要性の一種の裏返しとしての要素があるのではないかというところですけれども、確かにそこは、もともとの危険選択の際に考慮した事実、あるいは重視した事実が現実化したというような意味で考えると、そこには一種の裏返しというか、そういう要素も出てくると思うのですけれども、私自身はやはりそこは、因果関係不存在特則はあくまでも起きた事故についての因果関係ということですので、もちろんリンクしている部分はあると思いますが違いがあるのではないか。私がイメージした事例で申し上げると、告知義務違反では告知の時点であった病気であるとか既往症であるとかいうところを問題としている。しかし、やっぱり事故発生の時点と時間的にタイムラグがあることによって、それが一種の変容をしたり、あるいは別の要因が加わったりということもあると思いますので、必ずしも事実が顕在化したものというのでもないのかなというところから、両者は少し切り分けられる余地があるのかなと、このように感じたところでございます。問題意識を正確に把握できていないかもしれませんが、そんなことを思いました。

　さらにもう１点だけ、因果関係不存在特則に関して、山下先生からもご指摘いただいた、これについて積極的な位置づけもあるのではないかというところでございますが、ここに関しても、私もそれを否定するつもりはないところではあります。しかし、やはり今回は要件事実についての検討ですので、要件事実として分析をしていくということになったときに、告知義務、正しい事実を正しく告知してもらうというのは非常に保険者側にとって重要なものではないかと思いますので、それが因果関係不存在特則ということで、実質尻抜けにな

るというそんなことはあってはいけないと思います。まさにご指摘のとおり、どの程度の関連性が必要なのかというところは引き続き検討していく必要があると思いますし、大審院判例の全然因果関係なくというのがどこまでを想定しているかというのは、必ずしもクリアでないというように思っております。どちらかというと、出発点として大審院判例は絶対的なものと考える必要はもちろんないと思いますが、どのくらいの関連性が必要かという観点からすると、因果関係がなんでもかんでもないといえるというようになってもいけないのかなという問題意識を私自身報告をさせていただいたところでございます。

　正確に把握しきれていたか分かりませんが、貴重なコメントをいただきまして、私なりにお聞きした範囲で見解を申し上げさせていただいたところでございます。本日は、コメントいただきありがとうございました。


　**田村**　ありがとうございました。続きまして、遠山先生、よろしくお願いいたします。


　**遠山**　今井先生、山下先生、貴重ご指摘、ありがとうございました。なかなか痛いところで、うまくお答えできるか分かりませんが、精一杯お答えしたいと思います。

　まず、今井先生からご指摘いただいた点ですけれども、お話しいただいたことも本当にそのとおりだなと思っているのですが、最後に今井先生が、新たに人身傷害補償保険の約款の中に設けられた規定がなくても解決できるような方法はないのかとおっしゃっていた点なのですけれども、私がご報告した中では、最高裁の平成24年の判決を前提にご説明してきたのですけれども、おそらくですね、請求権代位の規定も、計算規定の問題も、おそらく同様にてん補損害額が何かということでは共通しているということでこれも加えたわけです。けれども、てん補損害額というのは、保険法では18条に客観的に時価として算定されるような額であるというような規定になっていて、ただ、2項は約定で保険価額を定めることもできるというようなところで、約定された保険価額に従って損害額は算定できるような規定になっていると思っているのですが、それにもかかわらず、計算規定であっても人身傷害保険であっても、算定基準という

のは保険会社が定めた基準によって算定されているわけですので、必ずしもそれがここでいう1項が想定しているような時価とかその地の価額なのかとか、客観的に求められた基準といえるのだろうかというところを少し疑問に思っておりました。そうすると、そもそも平成24年の判決が約定ではなくて、「客観的な」といってよいのかどうか分かりませんが、裁判で裁判所による基準で算定したところの損害額でもって、これをてん補損害額として計算すべきだというふうに評価しているわけですよね。そうすると、そもそもに戻ってしまうのですが、最初の裁判基準差額説のところから、約定というものが認められるのであれば、筋としては人傷基準差額説というのが最もいろいろなことを整合的に説明しやすかったものではないと思うのです。そうすると、いろんな問題が実は解決して、こういう人傷先行型、賠償先行型で額が違うという問題も一応共通するわけですから同じになると。ただ、その結果自体が、被保険者や被害者の保護とか利益につながるのかというと、やはりそれも疑問な気がいたしますが、人傷基準で統一するというのがおそらく規定によらない解決としてはありうるのかなというふうに思ったわけです。ですが、せっかくこの最高裁判決が切り開いてくれたといいますか、この幅広にかなり被保険者の利益というのが確保されるような考え方というものを出してくれたにもかかわらず、それを一旦閉じてしまうというのもちょっとどうかなという考え方でいきますと、なんとなく、差が出てしまうというのは致し方ないといいますか、ある意味、甘受しないといけないところももしかしたら出てくるのかなと少し感じたところです。

　それで、それを甘受するというのもなんですので、山下先生のご指摘のところの話になるのかもしれませんが、それではそういう差額が出てしまうという不合理な状態というのがそのままでいいのかということについては、やはり疑問がどうしても残りますので、そういう判決または裁判上の和解とされている条件が付いた特別に認められるこの要件について、どこまで類推適用が認められるのかというこれを拡張していくと、なんとなくその裁判基準差額説でも、ある程度確保できる領域というのが広がってきて、差がなくなるというか、そういう違いがある状態が減るような気がしているのです。ただ、山下先生にご指摘いただきましたように、この判決または裁判上の和解という文言が用いら

れているというところをどうクリアするのかというのが、私としてもなかなかクリアできずに現在に至るというところではあります。ただ、この規定の中にですね、その損害額が社会通念上妥当であると認められる場合に限るという評価的要件というのが入っていて、これがあるということによってですね、恣意的な損害認定というのを認めないというのは、このフィルターを通すことによってある程度確保できるのだとすると、もう少し柔軟に判決や裁判上の和解というのを、これ以外だけれども、それには該当しないけれども、それに限りなく近いようなものまで含めてよいというふうに考える余地がないかなと一応考えているところです。山下先生にご指摘いただきましたけど、ADR の中では比較的、裁判基準の損害額に近い算定方法で算出されているというふうに私も思います。

　あと、ここで書いた保険会社の客観的算定基準ということの意味なんですけれども、もう少し補足させていただきますと、保険会社の自動車保険の中で、示談代行が認められるようになった49年の折に、おそらく弁護士法の72条との抵触問題をクリアするために保険会社の方には直接請求権を導入するということと、もう1つは対人賠償責任の保険の中に支払基準をきちっと作って、賠償額の支払いの中で、その不公平な状態が生まれることがないようにその支払基準を作れといったという経緯があったように思うのです。そういたしますと、その支払基準というのは、不公平にならないように作られているという意味では、客観性があるかどうかは断定はできないですが、ある程度その恣意的な損害認定を回避できる枠組みにはなっているのではないかと。そういたしますと、ADR と同じように、最低限の条件はクリアしておりますし、社会通念上妥当であるというフィルターがあることからいたしますと、それほど変な状態にはならないのではないかなというふうに考えた次第です。

　すみません。もう1点だけ、もう1つの損害項目のところです。これは山下先生にご指摘いただいて、私もこのレジュメの原稿を作る前にはこの判例をみておりませんでしたので、慌てて拝見させていただきまして、考えたのですけれども、私がこの車両保険の事例で想定しておりましたのは、車両保険とか保険の状態ではてん補されるものとされないものが損害項目の中で分かれているけれども、損害賠償責任の項目では両方含まれるという状況があり、今回私が

提示した問題状況なのですが、山下先生がご指摘された令和2年の判決という
のは、それがちょうど反対側になるような感じになっております。保険の項目
としては両方カバーするようになっていて、実際にてん補されているのだけれ
ども、損害賠償請求訴訟の中では片一方の方、これは喪失費用の方だったと思
うのですけれど、こちらの片方はてん補されないような状態になっていたとい
う場合に、代位の問題をどう考えるかということだったのです。私はこの問題
をあんまり考えておりませんでしたので、洲崎先生がご紹介いただいたその対
応原則というところから考えて、これを厳密に適用するということになると、
一番整合的なのは、おそらく私が最終的にこれでよいのではないかと申し上げ
た項目別で比較するという方法だと思うのです。項目別で比較するということ
を厳密に貫いていくと、おそらく令和2年のようなことにはならないで、山下
先生がおっしゃった個別に考えていく、被保険利益ごと、つまり休業損害とい
う逸失利益と消極損害に関する部分と、収益損害防止費用だったので損害防止
費用と共通するかと思うのですが、それは積極損害なので、本来は被保険利益
は別だと思うのですけど、そういうものも分けて捉えるのが、対応原則の一番
厳格な形だと思うのですが、対応原則というのをもう少し緩やかに捉えること
ができるのであれば、車両保険とか利益保険でも同じなのですけれども、そん
な中で保険の対象となっているものについては、その枠組みの中では積算額の
比較というのも考えられてよいのかなと現段階では考えておりますが、もう少
し深く研究して勉強したいと思いますのでよろしくお願いします。

　すみません、少し長くなりましたが私の方からは以上です。ありがとうござ
いました。

　**田村**　ありがとうございます。それでは潘先生、よろしくお願いいたします。

　**潘**　山下先生、それから今井先生、大変貴重なコメントを頂戴いたしまして
本当にありがとうございました。

　両先生とも、立証責任の点についてのコメントでございまして、どういうふ
うに考えてよいかという点ですけれども、特に山下先生のコメントの中では車
両保険における盗難事故についての平成19年最判を言及していただきまして、

これとの関係でどう捉えるかということですけれども、確かに盗難を被保険者の意思によらない占有の喪失というふうに解釈すれば、保険事故の構成要素としては傷害保険の保険事故の構成要素と共通するということになりますので、やはり立証責任の問題に関しても同じように捉えてよいように思われます。ただ、実は私、盗難という文言について、最高裁のように被保険者の意思によらない占有の喪失という解釈については、従来から少し疑問を持っておりました。実際には盗難保険の保険約款をみてみますと、約款では盗難というのをどういうふうに定義しているかといいますと、窃盗もしくは強盗またはこれらの未遂というふうに定義しておりまして、少なくとも約款上は、被保険者の意思によらない占有の喪失というふうには明確に定義されていないわけであります。だから、そうしますと、少なくとも形式上は、偶然性要件を課した傷害保険約款の構造とは異なるということになりまして、立証責任に関して、盗難事故の場合と同じように考えられるというのは少し難しいかなというふうに考えられます。

　ちなみに、盗難保険約款にいう窃盗なんですけれども、この窃盗というのはいわゆる刑法上の窃盗罪になりますが、窃盗罪の窃盗を指しているというふうにも考えられます。それで、窃盗罪の場合の事故行為というのは窃取ということですが、窃取というのは刑法の判例通説によりますと、これは占有者の意思に反して財物を自己または第三者の占有下に移す行為というふうに解釈されておりまして、そうしますと、要件事実としてはAがBの占有している財物を自己または第三者Cの占有下に移したということ、それから、このことがBの意思に反したものであるということを立証すれば、窃盗という犯罪行為が成立すると考えられます。

　そうしますと、盗難保険ではですね、盗難保険の盗難について被保険者の意思によらない占有の喪失というふうに解釈してしまいますと、意思によらないというのは主観的要件というふうになってしまうわけですが、ところが、意思に反してという窃取の解釈ですと、第三者の行為が介在しているわけですね。第三者の行為、占有移転行為が被保険者の意思に反するということになりますので、これは純粋な主観的要件ではなくて、客観的な要素を中心とした要件ですので、本当に偶然の事故というように規定している傷害保険の約款と同じよ

うに捉えていいのか、実は私は従来から疑問を持っておりました。

　ただ、そういうことがあるにしても、平成19年の最判が示した、保険金請求者が外形的に盗難に当たる事実があったことを立証すれば足りるという解釈については、私自身も非常に妥当なものであるというふうに考えておりまして、山下先生ご指摘のように、傷害保険における立証責任に関してもこれを参照してよいのではないかということになります。ただそうしますと、先生がおっしゃるように、あまり明確に請求者が立証責任を負うべきだということを強くいわない方がいいかもしれませんが、原則はやはり原則として、これに立った上で、立証責任は緩和してみましょうということですね。これは、今井先生のコメントの中で触れられた仙台高裁の平成28年10月21日判決に関連してきますが、山下先生もおっしゃっていたのですけれども、この判決は、「発生した事故の態様が、外形的、客観的にみて、被保険者の故意に基づかない原因により十分に発生しうる態様であることを立証すれば、事故の偶然性は推認され、保険者の側で被保険者の自死を疑わせる事情を立証して推認を覆さない限り、当該事故は偶発的な事故であると認められる」と、こういう解釈を採っております。私もこの解釈は非常に妥当かなという気がいたします。他にもいくつか似たような裁判例がありまして、おそらく下級審裁判例も、今後はこの流れに沿って展開していくんだろうと考えられます。

　ただ、そうはいっても、やっぱり、外形的な事故というのはどういうものを指すのか、これ実は山下先生もご指摘されていたんですけども、いろいろと難しいところがありまして、例えば高いところから転落した場合に、柵がないと容易に転落してしまうので、そういう場所からの転落ということを立証すれば、外形的な事故があったということが推認できますけれども、しかし、柵があった場合には容易に転落できないので、そういう場合には外形的事実の立証として、どういった事実を立証すればいいのか、やはり非常に難しい問題が出てくるわけです。そういう具体的な事例においては難しい場面も出てきますけれども、やはり請求者側の方が一方的に立証責任を負担するというのは問題ですので、山下先生のコメントの中にありますように、一方的な負担にならないような責任の配分はやっぱり望ましいというふうに私も思っております。ですので、外形的事実についての立証だけにとどめておくことによって、故意免責規定に

実質的意味を持たせる、そういう解釈手法が一番落ち着きが良いものではないかなと考えております。

　どうも、本当にいろいろとご指摘いただきまして、ありがとうございました。

　**田村**　ありがとうございました。それでは質疑応答の方に入っていきたいと思います。ご聴講されている先生方の方で質問がございましたら、ミュートを外していただきまして、発言をお願いできればと思います。ご所属、お名前、それから誰に対する質問かということを最初におしゃっていただければと思いますので、よろしくお願いします。では、質問がある方はどうぞ発言していただければと思います。

［質疑応答］

　**佐野誠**　福岡大学、佐野でございます。今日はいろいろとありがとうございました。大変勉強になりました。

　潘先生への質問なのですが、今のお話ですと、今の盗難保険と傷害保険の関係については、潘先生はやっぱりちょっと構造が違うのではないかというふうなお考えのようですけれども、私はやはり保険事故に対する規定、そして、免責条項に対する規定という意味では同じであったというように考えています。そうだとすると、13年の判例と19年の判例で一体何が違うのかという問題ですけれども、先ほど、山下先生がおっしゃったように、どうも最高裁の考え方が違ってきたのかという点は1つ考えられますが、そうだとすると、今度は新しい事例ができたときには、13年の判例が変更になるという可能性はあるのかもしれません。

　一方でもう1つ考えられるのは、盗難保険については損害保険でありますから、その当時から旧商法の段階で故意免責が入ってたと。ところが傷害保険の場合は、13年の判例の段階では、法律にはまだ傷害保険としての故意免責条項は入ってなかったと、そういう違いがあるとすると、学説の多数説がいわれるように、保険法で傷害保険にいう故意免責が入ったんだから、変わるんだというこういう考えも一つあるのかなという気はするのです。

　ところで、まずお伺いしたいのは、私はちょっと別の点が気になっていまして、それは何かというと、13年判決の中の亀井裁判官の補足意見なんですね。つまり、なんでこんな問題が出てきたのかというと、そもそも約款の中で、保険事故と免責条項で同じ内容のものを規定して、それぞれ主張立証責任が違うというわけの分からない約款を作った保険会社が悪いんじゃないのということです。それで、今まではそれはしょうがないけれども、もうこの判決が出た以上は、もっと明確な約款を作らないと、今後はこの13年判決は維持できないかもしれないなということをいっているんです。ところが、実際には保険会社は、その後ほとんど動いてないんですね。それで、お聞きしたいのは、保険会社として、どうしても13年判決を維持したいのであれば、いっそのこと傷害保険の免責条項から故意免責を削除するということは、ちょっと乱暴かもしれないけど理論的にはありうる話なので、そうなった場合は、この問題は解決するというふうに考えてよいのでしょうか。それが質問です。

　**田村**　では潘先生、よろしくお願いします。

　**潘**　佐野先生、どうもご質問いただきましてありがとうございました。まずその前に、平成13年の最判について最高裁は見直される余地があるのではないかというご指摘ですが、これはもう最高裁が考えているところでありまして、その可能性があるということは、十分考えられますが、ただ、先ほど今井先生が触れておられた平成18年の仙台高裁判決について、上告しておりましたけれども、最高裁平成29年3月10日で上告不受理となっておりますので、そういういい機会があったのになんで見直さないかなという疑問も一つありました。ただ、可能性がないとは絶対言い切れないわけです。

　次に、先生のご質問のところですけれども、故意免責規定は、請求者負担説の立場を採ってしまいますと、確かに確認的規定というふうになりますので、取っちゃってよいのではないかという気がいたしますが、ただなんといいますか、いろんな約款がありまして、傷害保険の商品もいろんな商品がありますので、普通傷害保険の約款については、この免責規定を外してもよいかもしれませんが、ほかの約款、たぶん、交通事故傷害保険とかそういった約款において

は、やはり必要な場合がありますので、傷害保険であればすべて無くしてよい
という話にはならないかなという気がいたします。それで、無くした場合でも、
もう1つの問題として、これはデフォルトルールとしての保険法の適用がまた
出てくることになります。削除したという経緯を重視すれば保険法の規定がま
た適用されるというのは、疑問があるかもしれません。無くしたのであるから、
デフォルトルールとしての保険法の規定はもう適用されないという考えもある
かもしれません。しかし、約款上で規定されてなくても、保険法上の規定でい
くわけですから、そういう違う解釈もありうるわけです。ですから、いずれに
しても削除するということは根本的な解決にならないかなという気がいたしま
す。

　商品性の問題ということを私は重視しておりますので、商品性としても、そ
もそも一般傷害保険においても偶然性の要件を外すということはもちろんあり
ますし、逆も、そうですね。ただ平成13年の最高裁判決の補足意見に出てくる
ような約款改正が簡単にできるというような話でもないかなという気がいたし
ます。保険会社としては、おそらく約款の改正が簡単にできるものであればも
う改正しているはずなんですけれども、なかなか改正していないというのは、
改正が難しいということではないかなあというふうに推測しております。

　**佐野**　ありがとうございます。さらに1点だけ確認なのですが、私が質問し
た趣旨は、仮にそういうふうな約款改正をしたとしても、消費者契約法10条の
問題が出てくるのではないかというところがちょっと気になっていたからです。
私も基本的には潘先生と同じ立場で、この新しい保険法の下でも13年最判とい
うのは有効であって、基本的には消費者契約法の10条違反の問題はないという
ふうに理解をしています。ただ、約款で免責条項を設けないとしてしまうと、
かなり明確な形になってしまった場合に果たしてどうなんだろうかという点が
気になったのですが、そこで、消費者契約法の問題についてはどうお考えにな
りますか。

　**潘**　ええ、この故意免責規定が残ることによって、逆にそれが消費者契約法
10条の問題が出てくるというのであれば、削除した方が良いでしょうが、ただ、

消費者契約法10条の要件としては信義則に反するということが必要ですので、信義則に反するほどその条項が不利益、消費者に不利益というふうにいえるかというと、なかなかそうはいえないかなという気がいたします。ただそういうふうに主張されている学者もおられるわけでありますが、そうはいっても、故意免責条項を削除したからといって消費者契約法の問題も出てこないというわけではないような気がいたします。別個の問題かなあという気がします。

　　**佐野**　はい。ありがとうございます。

　　**田村**　それでは他に、ご質問ある方はどうぞおっしゃっていただければと思います。

　　**山下徹哉**　京都大学大学院法学研究科の山下徹哉と申します。潘先生のご報告に関連して発言させていただきます。
　　まず、山下友信先生がご指摘された平成19年の盗難最判との関係についてです。盗難の意味に関しては、最高裁が、「占有者の意に反する第三者による財物の占有の移転」といっており、少なくとも最高裁は盗難の意味をそのように考えているわけです。その最高裁の判断といいますか、判例法理の中では、そういう定義の下で盗難という保険事故が捉えられておりますので、そのことを前提として考えますと、やはり、平成19年の盗難最判においては、平成13年の最判とは価値判断が変わってしまったのではないかというふうに、私は考えておりました。
　　その上で、平成19年の盗難最判の価値判断を傷害保険にも活かすとすれば、どうすべきかということが問題となります。これについては、山下友信先生のコメントでも言及していただきました拙稿、すなわち旬刊商事法務掲載論文（山下徹哉「傷害保険契約における傷害概念と免責条項をめぐる諸問題──偶然性と外来性の立証責任を中心に」商事法務2245号（2020年）26〜39頁）で検討したことがございます。結局のところ、山下友信先生のコメントでも出てまいりましたけれども、平成19年の盗難最判の判断枠組みに倣い、事故の偶然性を外形的事実（客観的要素）と主観的要素に分けて、前者について保険金請求者が、後者

について保険者が主張立証責任を負担すると解釈するとすれば、外形的事実として何を設定するかということが問題になるだろうと思います。それで、この解釈を採用するなら、外形的事実とは具体的に何なのかということを、必ず問われそうだというふうに思いまして、それを具体的に示せないかを検討いたしました。その際、平成19年の盗難最判がいう外形的事実は、すでにご指摘があったように結構立証の難しい事実とされています。その点を踏まえて、傷害保険の場合に、何かいいものが示せないかを一応私も考えたのですけれども、現時点では、いいアイディアが思い浮かばず、旬刊商事法務に載せた論文では、これは難しい問題だということでお茶を濁してしまっております。この点については、問題となる事例を具体的に検討して、例えばパターンごとに分けたらどうなるのかとか、いろいろ検討を深めたいというふうには考えておりまして、この点について、私も今後、さらに考えていきたいと思っておりました。山下友信先生のご指摘で、もう少し緩く考えてもよいのではないか、あるいは柔軟に考えてもよいのではないかというご指摘がございましたが、それを踏まえてさらに検討したいというふうに思っております。

　少し長くなってしまいましたが、潘先生・山下友信先生のご議論に関して、旬刊商事法務に載せた拙稿の足らざる点の言い訳も含めまして、若干コメントをさせていただきました。

　次に、質問として、潘先生に1つお伺いしたいことがございます。今回のご報告では、現行法ないし現行約款の解釈論として保険金請求者負担説というのが良いのではないかというご報告だったと思います。これに対し、先生が過去にお書きになったものでは、立法論として考えると、例えばドイツ保険契約法178条2項のような、偶然性を推定する規定を置いて、保険者がこの推定を覆すためには故意の存在を立証しなければならない、という形で、立証責任を転換することが望ましいのではないかというようなご指摘をされていらっしゃったかと思います。その点については、今もお考えは変わりないということでよろしいでしょうかという点をお伺いできれば幸いに存じます。

　**潘**　山下徹哉先生、どうもありがとうございます。今のご質問にお答えする前に、最初にご指摘された点ですけれども、平成19年最判は平成13年最判を実

質的に変更したというそういう見解を採られている学者の先生がいることは、もちろん私もいろいろな文献で拝見しておりまして、十分承知しております。まあ、そんなことをするより、むしろもう端的に最高裁が上告受理をした上で判例変更した方が明快かなという気がいたします。1つの判例法理として確立されればそれはそれで解決することになりますので、もう今後一切紛争がないということになります。

　ただ、ついでにといいますか、この点に関しては、請求者負担説を採った上で仙台高裁平成28年判決のように、外形的事実についての主張立証だけでよいというように立証責任を軽減した場合には、結論として平成19年判決の解釈を採ったのと同じ結論になりますので、私たち学者がいろいろ言っているような問題はあまり起きないといいますか、実際は実務でも裁判例でも最近はそういう方向で解決が図られていますので、あまり激しい変化というのはないかなという気がいたします。

　その上で、私の主張はまさに現行の約款の解釈論でありまして、ドイツ法をいろいろと調べて若い時に書いたのですけれども、やはりドイツ法的な考え方というのは非常に合理的な気がいたします。やはり偶然性という要件は請求原因事実ですので、これは請求者が負担すべきであるというふうになるとした上で、立法論としては、保険者に立証責任を転換させるということの方が適切だと考えられます。偶然性の推定、法律の推定ということを認めた上で、その推定を覆すための保険者の主張立証責任を認めると。ただ、結論としてはまた同じ話になりますけれども、立法した場合でも結論としては、外形的事実についての立証はたぶんドイツでも同じで、やはり必要だということになります。ただ、手当てとしては、やっぱり立法的な手当てがあった方がいいというふうに今でも考えております。


**山下徹哉**　ご回答いただきまして、ありがとうございました。

**田村**　それでは他に質問がありましたらどうぞ。

**洲崎博史**　京都大学の洲崎でございます。

　まず、先ほど山下友信先生のコメントの中でも対応の原則に関して私の名前を出していただきましたので、先にそれについてコメントしておきますと、対応の原則をどこまで厳格に適用するかは、やはり保険契約の内容に左右されるところがあると思っております。保険者が、この保険ではこの損害項目をてん補する、これはてん補しない、ということを約款で明確にしているようなケースでは、対応の原則を厳格に適用することが望まれるのかなあと思いますし、この項目はてん補するがこの項目はてん補しないということがそこまではっきりしないようなケースでは、対応原則をそこまで厳格に適用しなくてもよいのかなと思っています。ですから、遠山先生が報告で述べられたように、保険契約、保険商品によって違ってくるということでよいのかなというふうに思っております。

　一方、私が質問をしたいのは、嶋寺先生のご報告の因果関係不存在特則に関してです。具体的には自動車保険における免許証の色に関する問題で、何年か前の保険学会でも質問したような気がいたしますので、その時のリターンマッチになるような気もするのですけれども、ご報告の中で紹介された因果関係ありとした仙台の事案はそもそも運転免許がなかったケースなので、ブルー免許とゴールド免許に関して虚偽の回答をした時に、因果関係不存在特則との関係でどうなるのかという議論とはちょっと違うのかもしれません。ブルーかゴールドかに関して嘘をついた場合にどうなるかについては、保険法の立案担当者であった萩本さんが編著者となられて書かれた一問一答だったかと思うのですが、その中で免許証の色と保険事故の間には因果関係がないと明言されていて、嶋寺さんも著者の一人として加わっておられたと思うのですけれども、立案担当者がそのようなことを書かれたということもあって、どちらかというとブルーかゴールドかについて嘘をついても事故との因果関係はなく、保険金は支払われるという考え方が多数説になっているのかなあという気がしております。しかし、私は個人的にはそれはどうかなと思っていたものですから、ちょうど今日もその問題が出てきましたので、伺いたいと思った次第です。何について伺いたいかというと、生命保険における因果関係の有無の判断の仕方と、自動車保険におけるその因果関係の有無の判断の仕方が同じなのか違うのかという問題についてです。

　具体例を申しますと、例えば、高血圧の治療を受けていた人が脳血管系の病気、例えば脳卒中などで死亡した場合の因果関係の有無については、個々の被保険者のケースについてみていくと、因果関係がほとんどないというようなケースもあるかもしれない。高血圧以外の要因が大きくて脳卒中になったというケースもあると思うのです。でも、恐らくは個々のケースについて詳しく観察することはせず、高血圧の人は脳卒中のリスクが高いという確固とした医学研究があるので、当該被保険者がどうであったかということを個別具体的に検討することなく、因果関係ありという判断がなされているのかなというふうに思っております。一方で、自動車保険における免許証の色については、ブルーかゴールドかで事故率が違うということについて、先ほどの医学研究に相当するような科学的研究は確かにないかもしれません。でも、免許証の色によって保険料率を変えるという扱いは、保険法制定時と比較すると、現在では損保会社実務として完全に定着したといえるのではないかと思います。実際、ブルーかゴールドかで、保険料はだいたい15％ぐらい違うと思いますので、2つのリスク群で事故率が明らかに違うということが、保険会社のデータとしてもはっきり出てきているのだろうと思います。ですから、高血圧の人が脳卒中になりやすいというような医学研究に相当するものはないかもしれないけれども、統計データとしてはブルーのリスク群に入っている人は事故のリスクが高いということがはっきりしている。高血圧の人が脳卒中リスクが高いということと、ブルー免許のリスク群に入っている人は事故のリスクが高いということは、質的に異なるものなのだろうか、いずれについても因果関係を認めてもよいのではないかというのが私の正直な気持ちです。もちろん免許証の色が、リスク測定の仕方として不正確だということは間違いないと思います。遠山先生も判例研究の中でそのことを指摘されています。私もそれを否定するつもりは全くありません。ゴールド免許を持っている人であっても、例えば、5年前にゴールド免許を取得した人は、それより前の5年間の交通違反の結果でゴールド免許をもらえたかどうかが決まるので、ゴールド免許を5年前にもらった後で、つまり直近の5年間で交通違反を繰り返しているということはあるでしょうし、逆にブルー免許の人もゴールド免許の人よりも実質的にリスクが低い人はいるだろうと思います。ちなみに私、2年前にブルー免許しかもらえなかったのです

が、実は、あと1ヵ月頑張れば、ゴールド免許をもらえるというところで、違反点数1点の違反をしちゃったので、ブルー免許になったんですが、でもその前8年間、無違反だったんですよね（笑）。それぐらい私はリスクが低い人間だと思ってるんですが、にもかかわらずブルー免許になって保険料が15％高くなってしまって、リスク測定の仕方として不正確であるということを私は身をもって感じてるんですけども（笑）。ただ、もしリスク測定の仕方として不十分だとすると、免許証の色なんていうのは告知すべき重要事項にすら当たらないからいくら嘘をついても告知義務違反にもならない、解除もできないということになってしまうと思うのです。でもそこまでいう人はおられないのだろうと思います。不正確かもしれないけれどもブルーの人の方が事故率が高いという明らかなデータがある以上は、それを前提にして保険者がリスク測定することは許容されるべきだと思いますし、虚偽の回答によってそのリスク測定を妨げられたのであれば、因果関係があるとして保険金の支払いも拒んでいいとすべきではないか、特に、この十数年で保険会社のリスク判断の仕方が完全に定着したらしいということを考えると、因果関係も認めるべきではないかなというように考えているのですけども、いかがでしょうか。長くなりまして申し訳ありません。

**嶋寺**　私自身も実は問題意識を持っているところでございまして、貴重なご指摘をいただきまして大変にありがとうございます。

　まず保険法ができた時に、説明していた大きなところでいいますと、保険法の下では因果関係不存在特則と告知事項というところを少し分けて考えなければいけないと思います。告知事項にできるかどうかは危険に関するものでなければいけないということで、先ほど指摘があったデータがそれなりにあるということがいわれていまして、危険に関するものということで説明ができるのではないか、については、告知事項という形にすることが可能かと思います。

　それに対して、因果関係不存在特則の方は、実際に起きた事故と告知違反の因果関係をみる、個々の事故ベースでみるということなので、免許証の色と事故の因果関係というのは、説明しにくいのではないかと思います。少し逃げるようですが、事故態様によるがという留保をしており、そこは全否定はしづら

いのですけれども、実際に起きた個々の事故の因果関係ということと、免許証の色とは、遠いところにあるという問題意識があり、発言をしたところです。

　ただ、私自身、生保と損保の違いが気になっています。生保、生命関係のものは、洲崎先生ご指摘のとおり、個々の事故との関係でも何らかの関係がそれなりにあるのではないかということです。厳密に一対一でなくても、それなりに因果関係を認めているところがある。しかし、損保はなかなかそれを説明しにくいところがある。でも大きな意味でのリスク測定という点では役に立つ質問事項というのはたくさんある。そのときに、損保に関して告知義務というのが、なかなかうまくワークしづらいというところがあるのではないかと思っています。自動車保険の免許の色だけではなくて、必ずしも保険法の片面的強行規定の対象ではないのですけれども、企業系の損害保険に関しては、契約時にいろんなことを質問しているということがありますので、損保のリスク測定というのは必ずしも一対一で個々の事故と結びつかないようなリスクファクターでものを考えるような要素があるのかなと思っています。それをうまく保険法の因果関係不存在特則に落とせないかなという問題意識は持っていて、まさにそれが洲崎先生ご指摘の例のようにそれなりに確立されたものについて、ここでいう因果関係を個々の事故との間で認めてよいのではないかということなのだと思います。私自身もやはり損保の特殊性を何か解釈論の中で反映できないかということを問題意識としては持っております。ただ最終的に損保の方には気の毒かもしれませんけれども、因果関係不存在特則の今のルール自体が損保のリスクファクターをうまく告知義務違反による制裁に反映しにくいところがあるのかなと思っています。

　ここからは完全なる私見ですけれども、告知義務違反でないルールの中で、リスクファクターを考慮していくようなことができないのかなと。もしかすると、海外でいうところのワランティみたいなものの考え方とか、それに近いところがあったりするのかもしれないと思います。正直申し上げて答えはありませんが、洲崎先生の問題意識は解釈論の中で何とかしなければいけないと思っており、私自身も非常に関心の高いところです。コメントいただいてありがとうございました。

**洲崎**　どうもありがとうございました。

**田村**　ありがとうございました。遠山先生はよろしいでしょうか。最初に対応原則のことを洲崎先生がおっしゃいましたけれども。

**遠山**　洲崎先生、判例評釈も読んでいただいて、ありがとうございます。対応原則については洲崎先生がおっしゃったとおり、どこまで対応を認めるかが非常に難しいなと思うところですが、保険の種類によって違ってよいというお墨付きをいただきましたので、少し安心しているところです。ありがとうございました。

**田村**　それでは皆様よろしいでしょうか。終了の時間も迫ってまいりました。これで質疑応答は終わりたいと思います。
　最後に島田新一郎創価大学法科大学院研究科長より、挨拶がございます。よろしくお願いします。

[閉会の挨拶]

**島田新一郎**　今年の４月から法科大学院の研究科長を務めております島田でございます。
　本日は、ご多忙の中、多数の先生方がこの講演会にご参加くださったことに、心より御礼申し上げたいと思います。本当にありがとうございました。また、法科大学院生の皆さんも、長時間本当にご苦労様でした。
　今年はコロナウイルスの蔓延という、これまでにない特殊な状況であるにもかかわらず、このように無事開催することができたことに心から感謝申し上げる次第でございます。
　本日は、講演者として、実務家の嶋寺基先生、また、研究者として専修大学教授の遠山聡先生、法政大学教授の潘阿憲先生を、また、コメンテーターとしては弁護士の今井和男先生、同志社大学教授の山下友信先生という、いずれも大変ご高名な先生方をお迎えして、このように充実した素晴らしい講演会を開

催できましたことは、創価大学法科大学院にとって、大変名誉なことであり、また研究科長として、これ以上うれしいことはございません。ご担当くださいました先生方に、衷心より御礼申し上げたいと思います。本当にありがとうございました。

　また、貴重なご意見、ご質問を寄せてくださいました先生方にも心から感謝申し上げます。本当にありがとうございました。

　日本はもとより、世界においても、より一層不確実さが深まっている状況ではありますけれども、安心・安全な国民生活の実現という観点から、保険制度の重要性はますます高くなるものと思います。本日の講演会は、この分野における議論をより深化させていく一つの契機となるものであり、我が国の司法の発展においても大きな財産となるものと確信いたします。

　長時間になりましたけれども、最後に、今後とも、要件事実教育研究所の活動に、ご理解とご協力をいただきますよう、心からお願い申し上げまして、簡単ではございますが、閉会の挨拶とさせていただきます。本日は、本当にありがとうございました。


　**田村**　それでは Zoom からご退室いただいて結構です。長時間ありがとうございました。

# 講演レジュメ

嶋寺　　基

遠山　　聡

潘　阿憲

講演1レジュメ

# 保険法の下での告知義務違反による
# 解除の要件事実

嶋寺　基

## 1　はじめに

　2010年4月に施行された保険法は、改正前商法[1]における保険契約に関する規律を約100年ぶりに全面的に見直し、独立の法典として整備したものであるが、保険法は、現在の法制執務に則って、体系的に条文が整備され、各規律の要件及び効果を明確に意識して規定化が行われている。そして、保険法の条文作成にあたって特に意識されたのが、いわゆる法律要件分類説を踏まえた各規律の要件事実である。

　なかでも、告知義務違反による解除の規律は、改正前商法の下での規律について様々な改正を行うとともに、新たな規律も設けており、保険法における要件事実を論じるにあたって、最も相応しい規律の1つであるといえる。そこで、以下では、保険法の下での告知義務違反による解除の規律を取り上げ、請求原因・抗弁・再抗弁・再々抗弁を整理するとともに、要件事実の分析から明らかになった解釈上の問題についても論じることとする。

## 2　保険法の体系

　保険法における要件事実を正しく理解する上で重要な点が、保険法の条文の体系である。保険法は、以下の章立てにより、各保険契約に適用される規律を

---

1―保険法の制定にあわせて改正が行われる前の商法を指す。

設けている。

　　第1章　総則
　　第2章　損害保険
　　第3章　生命保険
　　第4章　傷害疾病定額保険
　　第5章　雑則

　その上で、第2章から第4章までの各保険契約に適用される規律は、以下の体系に分類して条文が設けられている。

　　第1節　成立
　　第2節　効力
　　第3節　保険給付
　　第4節　終了

　なお、第2章の損害保険のみ、第5節（傷害疾病損害保険の特則）及び第6節（適用除外）を設けている。

　保険法は、各条文を上記のように体系的に分類して配置しているため、告知義務違反による解除の規律に関しても、以下のとおり複数の節に分けて規定が設けられている。

　　告知義務（第1節　4条・37条・66条）
　　告知義務違反による解除（第4節　28条・55条・84条）
　　解除の効力（第4節　31条2項1号・59条2項1号・88条2項1号）

　そのため、告知義務違反による解除の要件事実を整理するにあたっては、複数の節にまたがる各条文を合わせて検討する必要がある。

## 3　抗弁としての告知義務違反による解除

　保険法における告知義務違反による解除の規律は、保険金請求の請求原因に対する抗弁として位置づけられる。なぜなら、告知義務違反による解除の効果として、解除がされた時までに発生した保険事故による損害（保険事故／傷害疾病）について保険者は保険給付を行う義務が免責されるからである（31条2項1号本文、59条2項1号本文、88条2項1号本文）[2]。そして、保険者が告知義務違反による解除を行ったことは、抗弁として保険者が立証責任を負うべき事

項に該当する。

では、告知義務違反による解除の要件事実は、どのようなものであろうか。

この点については、改正前商法における条文と対比することにより、保険法の下での要件事実がより明確になるため、以下では、改正前商法と保険法との条文構造の違いについて述べる（ここでは例として、損害保険契約に関する規定を取り上げる。）。

---

〈改正前商法〉

第644条

　保険契約ノ当時保険契約者カ悪意又ハ重大ナル過失ニ因リ<u>重要ナル事実ヲ告ケス又ハ重要ナル事項ニ付キ不実ノ事ヲ告ケタルトキ</u>ハ保険者ハ契約ノ解除ヲ為スコトヲ得（以下略）

---

〈保険法〉

第4条（告知義務）

　保険契約者又は被保険者になる者は、損害保険契約の締結に際し、損害保険契約によりてん補することとされる<u>損害の発生の可能性</u>（以下この章において「危険」という。）<u>に関する重要な事項のうち保険者になる者が告知を求めたもの</u>（第28条第1項及び第29条第1項において「告知事項」という。）<u>について</u>、<u>事実の告知</u>をしなければならない。

第28条（告知義務違反による解除）

　保険者は、保険契約者又は被保険者が、<u>告知事項について</u>、故意又は重大な過失により<u>事実の告知をせず</u>、又は<u>不実の告知をしたとき</u>は、損害保険契約を解除することができる。（以下略）

---

保険法においては、条文の文言からも明らかなとおり、「損害の発生の可能性（危険）に関する重要な事項のうち保険者になる者が告知を求めたもの」に

---

2―保険法の条文上も、告義務違反による解除が保険金請求における抗弁に該当することを明らかにするために、「保険者は、……損害をてん補する（保険給付を行う）責任を負わない」と定めている。

ついて、保険契約者又は被保険者が故意又は重大な過失により「事実の告知を
せず、又は不実の告知をしたこと」が、告知義務違反による解除の要件となる
ものである。これを要件事実として整理すると、以下のとおりである。

① 保険者（になる者）が、保険契約者又は被保険者（になる者）に対し、危
　険に関する重要な事項について告知を求めたこと

② 保険契約者又は被保険者が、①の保険者から告知を求められた事項につ
　いて、事実の告知をせず、又は不実の告知をしたこと

③ 保険契約者又は被保険者に、②の事実の告知をしないこと又は不実の告
　知をすることにつき故意又は重大な過失があること

④ 保険者が保険契約の解除を行ったこと

このように、保険法では、いわゆる質問応答義務を採用し、保険者が危険に
関する重要な事項の中から質問すべき事項を決定し、その質問された事項につ
いて保険契約者又は被保険者が真実を回答することを「事実の告知」と呼んで
いる。そのため、③の「故意」が認められるためには、保険者から質問された
事項に該当する事実があることを知りながら質問に対して正しく回答しないこ
とをもって足りるものである。

この点、改正前商法の下では、告知義務違反による解除の要件としての「悪
意」について、（ア）重要な事実のあること、（イ）その事実が告知すべき重要
な事実であること、及び（ウ）告知をしないことを知っていることを意味する
との見解が有力であった[3]。しかし、これは告知義務者が自ら告知すべき事実
を判断する、いわゆる自発的申告義務を前提とした議論であって、保険法にお
いて質問応答義務の方式が採用され、告知を求めるべき質問事項の重要性に関
する判断は保険者が行うこととなり、条文上も明確に「保険者（になる者）が
告知を求めたものについて事実の告知をしないこと」が故意の対象となってい
る以上、改正前商法の下での見解はもはや妥当しないものと考えられる[4]。

もっとも、保険者が自らの危険選択にとっておよそ意味がない事項を質問す
ることは、質問事項としての重要性を欠き、もはや告知事項に含まれないもの

---

3　山下友信『保険法』（有斐閣、2005年）303頁等参照。

4　嶋寺基「保険法の下での告知義務に関する解釈上の問題——質問応答義務への変更等に伴う商法
　からの解釈の変容」保険学雑誌643号（2018年）43頁参照。

であるから、このような質問に対して真実を回答しなかったとしても告知義務違反に該当することにはならない。

　保険法施行後に締結された保険契約に関する裁判例の中にも、故意の意義について、「保険者から質問された事項に該当する事実があることを知りながら質問に対して正しく回答しないこと」を前提に判示をしているものがみられる。東京地判平成30年9月3日ウエストロー・ジャパン2018WLJPCA09038002は、保険法施行後に締結された普通養老保険において、被保険者が告知日の数日前に医療機関を受診し、MRI検査を受け、投薬を受けていたが、明確に病名の告知までは受けていなかったところ、質問表の「過去3か月以内の健康状態として、医師の診察、検査、治療、投薬または指導を受けたことがあるか」の質問に対し「いいえ」と回答した事案につき、以下のとおり判示している[5]。

> 故意又は重大な過失による事実不告知
> 　上記認定によれば、Bは、過去3か月以内の健康状態として、実際には、別件保険契約①の締結（平成26年7月2日）から本件告知（同月11日）までの間に、少なくとも、C医師による診察、検査及び投薬（同月5日及び8日）を受けていたにもかかわらず、本件告知においては、医師の診察、検査、治療、投薬又は指導を受けたことがないと被告に告知したこととなる。Bは、事実を告げず又は事実でないことを告げたと認められる。
> 　そして、上記認定によれば、BがC医師による診察、検査ないし投薬を受けたのは、<u>本件告知の6日前及び3日前という直前であり、本件告知の時点においてBにその認識がまるでなかったということは、通常あり得ない</u>。しかし、C医師による診察、検査ないし投薬の事実を、生命保険契約の締結に際しての本件告知において一切触れていないというのであるから、<u>事実を告げなかったこと又は事実でないことを告げたことについて、Bには少なくとも重過失は優に認められる</u>。

　このように、質問応答義務の方式を採用している保険法の下では、告知義務

---

5—同裁判例については、判示の内容に否定的な見解も存在する（中村信男「病名告知がないときの告知義務違反」保険事例研究会レポート333号1頁）。

違反の故意が認められるためには、保険者からの質問に正しく回答していない
ことの認識・認容があれば足り、その回答しなかった事実の重要性（すなわち、
その事実を知っていれば保険者は同一の条件で保険を引き受けないであろうこと）
まで認識している必要はないと考えられる[6]。

　そして、保険者からの質問に正しく回答していると判断したことについて著
しい注意義務違反があった場合に、告知義務違反の重過失が認められるもので
あり、上記の裁判例もその意味での重過失を前提としているものと考えられる。

## 4　再抗弁として位置づけられる規律

　告知義務違反による解除の抗弁に対し、再抗弁に位置づけられる保険法の規
律として、以下のものがある。そして、これらは再抗弁として保険金請求権者
が立証責任を負うべき事項に該当する。

　（1）保険者の悪意又は過失による不知（28条2項1号、55条2項1号、84条
　　　2項1号）

　（2）保険媒介者の告知妨害又は不告知教唆（28条2項2号・3号、55条2項
　　　2号・3号、84条2項2号・3号）

　（3）解除権の除斥期間（28条4項、55条4項、84条4項）

　（4）因果関係不存在特則（31条2項1号但書、59条2項1号但書、88条2項1
　　　号但書）

　このうち、（1）から（3）は告知義務違反による保険者の解除権の阻却事
由ないし消滅事由に該当するものである[7]。これに対し、（4）は告知義務違
反による解除を認めつつ、既発生の事故に対する保険者の保険給付義務の免責
の効果を否定するものであり、既発生の事故に係る保険金請求の請求原因との
関係において、再抗弁として位置づけられるものである[8]。

　上記の再抗弁に係る規律のうち、（2）は保険法で新設されたものであるが、

---

6―さらにいえば、保険法の下での「重要性」は、条文の文言から明らかなとおり、保険者が定める
　質問事項の重要性であって、回答しなかった具体的事実の重要性とは区別されるべきものである
　（嶋寺・前掲注4・35頁参照）。
7―保険法の条文上も、再抗弁に該当することを明らかにするために、「保険者は、前項の規定にかか
　わらず、……保険契約を解除することができない」、「第一項の規定による解除権は、……消滅す
　る」と定めている。

これに関して解釈上問題となり得るのが、保険媒介者が被保険者等からの告知によらずにたまたま保険者からの質問に回答すべき事実の存在を知った（例えば、偶然病院で被保険者と遭遇したなど）場合に、当該保険媒介者が被保険者等に対し告知書に記載すべき旨を促さなかったことが（2）における告知妨害ないし不告知教唆に該当し、保険者の解除権が阻却されることになるかという問題である。この点に関しては、告知するようアドバイスするのが保険媒介者の責務であるとして告知妨害ないし不告知教唆に該当するという見解もある[9]が、保険法が「事実の告知をすることを妨げた」「事実の告知をせず、又は不実の告知をすることを勧めた」との文言を用いて解除権の阻却事由の要件を定めていることからすれば、上記の保険媒介者の行為が（2）に該当すると解するのは適切ではないと考えられる。

　次に、（4）に関して、正しく告知がされなかった具体的な事実と事故の発生との間にいかなる関連性があれば「事実に基づかずに発生した保険事故（傷害疾病）」と認められるかが問題となり得る。この点に関し、当時の商法の規定に基づくものであるが、大審院判例は、「右但書ヲ適用スルニハ事故ト告ケ又ハ告ケサリシ事実トノ間ニ全然因果関係ナキコトヲ必要トシ若シ幾分ニテモ其ノ間因果ノ関係ヲ窺知シ得ヘキ余地存センニハ右ノ但書ハ之ヲ適用スヘカラサルコト論ヲ俟タス」（大判昭和4年12月11日新聞3090号14頁）と判示している。保険法の下でも、改正前商法の文言である「事実ニ基カサル」をそのまま採用しているため、保険者の免責が否定されるための要件としては、上記大審院判決の考え方が維持されるものと考えられる。

　保険法施行後に締結された保険契約に関する裁判例の中にも、正しく告知がされなかった具体的事実と事故の発生との間の関連性について、上記大審院判決の考え方を前提に判示をしているものがみられる。仙台高判平成24年11月22日判時2179号141頁は、保険法施行後に締結された自動車保険の無保険車傷害特約において、被保険者が無免許であるにもかかわらず、申込書の免許証の色

---

8─保険法の条文上も、再抗弁に該当することを明らかにするために、「ただし、……については、この限りでない」と定めている。

9─山下友信＝米山高生『保険法解説　生命保険・傷害疾病定額保険』（有斐閣、2010年）542頁［山下友信］参照。

に関する質問に対し「ブルーである」旨回答した事案につき、以下のとおり判示している[10]。

> 因果関係不存在特則について
> ア　証拠（乙1）によれば、D保険契約では、保険法31条2項1号を受けて、告知義務違反による解除が損害発生後にされた場合でも保険金は支払わない旨が定められる一方で、告知義務違反に係る事実に基づかずに発生した損害については保険金を支払うとして、いわゆる因果関係不存在特則が定められていることが認められる。
> イ　そして、被控訴人は、運転免許証の色という事実に基づいて保険事故が発生することはないとして、Dの告知義務違反と本件事故との間には因果関係がなく、補助参加人は、前記解除による免責は認められないと主張する。
> ウ　しかしながら、本件事故は、Dが酒気を帯びて運転していたとはいえ、無免許運転という危険な態様の下で惹起されたものと認められるから、本件で告知の対象となる運転免許証の色が「ブルーである」のか「色を告知できない」（すなわち、有効な運転免許を保有していない。）のかという告知事項と本件事故発生との間には因果関係がないと認めることはできない。
> 　　したがって、被控訴人の上記主張は採用することができない。

　このように、同裁判例では、「因果関係がないと認めることはできない」という表現を用いており、上記大審院判決と同様に、正しく告知がされなかった具体的事実と事故の発生との間に全く因果関係がないという例外的な場合に限定して保険者の免責の効果が否定されることを前提としていると考えられる。特に、生命保険や医療保険に関しては、因果関係不存在特則の適用をめぐり、医学的な関連性がどの程度認められればよいかが議論となることも多いが、そ

10—同裁判例については、判示の内容に否定的な見解も存在する（遠山聡「無免許運転による事故と告知義務違反に基づく解除の可否」ジュリスト1472号（2014年）111頁、山下典孝・新・判例解説Watch（法セ増刊）13号（2013年）129頁等）。

の判断にあたっては、告知義務の制度は保険契約における危険選択のための重要な制度であり、保険法上、保険契約者や被保険者には法定の義務として保険者の質問に正しく回答すべき義務が定められていることや、告知義務違反があった場合には原則として保険者の保険給付義務は免責され、例外的に「事故に基づかずに発生した」ことを再抗弁として保険金請求権者が立証した場合に限って免責の効果が否定されるという条文構造になっていることを踏まえて判断すべきである。したがって、仮に事故の発生に対して直接的な影響がない場合や、主要な原因が別にあったとしても、そのことによってここでの「因果関係」が否定されるものではなく、事故の発生におよそ何の関連性もないという例外的な場合に限定して因果関係不存在特則が適用されるべきものと考えられる[11]。

## 5 再々抗弁として位置づけられる規律

　上記4の再抗弁のうち（2）については、再々抗弁に位置づけられる保険法の規律として、保険媒介者の告知妨害又は不告知教唆と告知義務違反との間に因果関係が認められない場合のルールが設けられている（28条3項、55条3項、84条3項）。そして、これは再々抗弁として保険者が立証すべき事項に該当する。

　具体的には、「（告知妨害や不告知教唆に該当する）保険媒介者の行為がなかったとしても」事実の告知をせず、又は不実の告知をしたと認められる場合に、解除権阻却事由は適用されないことが定められている。ここには、保険媒介者の言動にかかわらず元から保険契約者等が正しい告知をする意思を有していなかった場合のほか、保険契約者等が保険媒介者に対し真実よりも軽い内容の事実を述べ（例えば、胃潰瘍による治療を受けたにもかかわらず風邪による治療と述べた場合など）、これに対して保険媒介者がその事実は告知しなくてもよいと述

---

11－山下友信ほか『保険法〔第4版〕』（有斐閣、2019年）271頁［竹濱修］においても、「告知義務違反により不公正に契約が締結されたことに保険者の解除権が認められる根拠があること、ならびに正直に告知をして保険契約の締結を保険者から拒絶された者との公平を考えると、この規定の適用範囲はできるだけ狭く解釈されるべきである」と述べられている。また、保険法と改正前商法との間での因果関係に関する文言の連続性と、立証責任の分配の在り方が相俟って、改正前商法下で形成された判例による「相当因果関係よりも緩やかな因果関係」という解釈が保険法下においても強く支持されるとする見解として、村田敏一「告知義務違反による生命保険契約の解除・免責と因果関係不存在特則の判断基準」保険判例の分析と展開（金融・商事判例1386号）（2012年）60頁。

べたことを奇貨として、保険契約者等が真実を告知しなかった場合（いわゆる過少申告）なども含まれる可能性がある。

　もっとも、ここでは「保険媒介者の行為がなかったとしても」という仮定に基づく事実を立証する必要があるところ、一般に仮定に基づく事実の立証は難しい上に、告知の場面でのやりとりについては、当人同士の供述が食い違うことも多いため、この規律を適切に運用するためには、対象となる保険契約の保障内容や、問題となった質問事項の内容、回答すべき具体的な事実、保険契約者等と保険媒介者との関係性等の客観的な事実を重視し、争いのない当人同士の会話の内容、保険契約者等の保険に関する知識・経験等も加味しながら、総合的にみて告知妨害等との因果関係の有無を判断する必要があると考えられる。

## 6　おわりに

　保険法は、現在の法制執務に則って条文が作成されており、法律要件分類説に基づく要件事実を意識して各規定が設けられている。そのため、本報告で述べた告知義務違反による解除と同様に、保険法における他の規律の要件事実を分析するにあたっても、保険法の体系や条文の構造等に着目し、具体的な条文の文言に沿った検討を行うことが極めて重要である。

　また、保険契約においては、保険契約者や被保険者の側に保険事故やリスクに関する情報が偏在しているという特徴があることを踏まえ、その情報の偏在を解消するための制度である告知義務や通知義務等が適切に機能するように立証責任の分配を行うことも必要である。

　実務上、保険金請求をめぐる紛争は極めて多数に上り、また事故に係る証拠は時間とともに散逸しやすいため、個々の紛争の解決にあたって、要件事実に基づく立証責任の分配が裁判所の判断に影響を及ぼすことも少なくない。そのため、保険法における要件事実の研究は実務上の意義も大きいものであるから、保険法の条文や保険契約の特徴を踏まえつつ、今後もさらに研究が深化していくことを期待したい。

講演2レジュメ

# 請求権代位規定の要件事実
# 「てん補損害額」の意義と評価方法について

遠山　聡

## I　本報告の目的と問題の所在

### 1　本報告の目的

　本報告は、保険法25条に定められる請求権代位制度について、同条ならびに同条に基づく約款規定における要件事実、とくに「てん補損害額」の意義と評価方法に着目して検討を加えることで、同条の射程を明らかにすることを目的とする。

　具体的には、損害額の算定基準が複数ある場合にはどの基準で算出された損害額をてん補損害額とすべきか（II）、被保険者が第三加害者に対して保険給付の対象ではない損害についても賠償請求できる場合に、請求権代位の基準となるてん補損害額はどの範囲で特定されるか（III）について、以下、検討を行う。

### 2　問題の所在

　保険法25条1項における請求権代位の要件は、①保険者が保険給付を行ったこと、ならびに②保険事故による損害が発生したことにより被保険者が第三者に対して債権（被保険者債権[1]）を取得したことである。そして、これらの要件が満たされると、保険者は被保険者債権について当然に被保険者に代位する。これは法の規定によって当然に生じる効果であり、当事者の意思表示を要しない。また、債権譲渡に関する対抗要件（民法467条）も不要であり、債務者その

他の第三者に移転を対抗できると解されている。同条の適用にあたってしばしば問題となるのが、移転する被保険者債権の範囲である。

　同条1項は、保険者が支払った保険給付の額と被保険者債権の額のいずれか低い額につき、保険者が代位取得するとしつつ、保険給付の額が「てん補損害額」に不足するときは、被保険者債権の額から当該不足額を控除した残額を被保険者債権の額とする旨規定している。つまり、保険給付額と被保険者債権の額を合計した金額がてん補損害額を超える部分についてのみ保険者の代位取得が認められるから、被保険者は「てん補損害額」全額の充足が保障されることになる（保険給付額がてん補損害額に満たない場合、その差額である「不足額」を確保できる）。この規定は、従来の判例の立場である比例説[2]を変更し、いわゆる差額説を採用したものである。保険法25条は片面的強行規定であり（同26条）、現行の損害保険の各種約款には、同条を前提とした規定が設けられている。

　てん補損害額は、「損害保険契約によりてん補すべき損害の額」（保険法18条1項）であり、その損害が生じた地及び時における価額、すなわち時価によって算定されるのが原則であるが、契約当事者が損害保険契約の目的である財産の評価額（保険価額）について協定している場合には、時価ではなく、この約定保険価額（協定保険価額）によって算定される（同条2項）。てん補損害額の特定方法によっては、保険者が代位取得する被保険者債権の額が変わり、ひいては被保険者に補償されるべき範囲も異なる結果となる[3]。

## 3　請求権代位制度の趣旨

　請求権代位の趣旨は、保険法25条や約款の規定の解釈に影響するところが大きく重要であることから、検討に先立って、これを確認しておきたい。

---

1─被保険者債権には、主に、不法行為または債務不履行に基づく損害賠償請求権であるが、ほかにも共同海損債務者に対する共同海損分担請求権などがある。破壊消防により建物を破壊された者が取得した補償請求権に対して保険者の代位取得を認めた事例として、名古屋高判昭和44年3月25日下民集20巻3・4号129頁がある。

2─最判昭和62年5月29日民集41巻4号723頁は、保険者は「一部保険の比例分担の原則に従い、填補した金額の損害額に対する割合に応じて、被保険者が第三者に対して有する権利を代位取得することができるにとどまる」と判示した。本報告では、改正前商法における議論には立ち入らない。

3─保険者や第三加害者の資力不足の問題はあるが、被保険者の権利それ自体の問題とは別である。保険法25条2項については本報告の目的とはしない。

　従来、支配的な見解として述べられてきたのは、被害者である被保険者が取得する加害者に対する損害賠償請求権と保険契約に基づく保険金請求権は、法的には別個の原因に基づいて生じたものであるから、損益相殺の対象にはならないのであり[4]、その結果、被保険者がその両方の請求権を行使することを許容すれば、被保険者に不当な利得を与えることになるのでこれを防止すべきであるという政策的な理由（利得禁止原則）である[5]。換言すれば、請求権代位制度は、損害の重複てん補を回避するための一つの仕組みであるとする理解である。しかしそのために保険金を受領した被保険者に加害者に対する損害賠償請求を認めないとすれば、本来損害賠償責任を負うべき加害者が免責されるという不当な結果（windfall）を招来することになる。保険者が被保険者の債権を取得する意味は、この二重の要請に応えるための当事者間における利益衡量に基づく衡平の理念から説明されるのである。差額説は、保険者の代位は被保険者の利得を防止できる範囲で認められれば足りるとするものであり、利得禁止原則からも整合的に説明できる。他方で、損害保険における利得禁止原則を根拠とすることの妥当性には疑問が投げかけられており、当事者の契約意思という見地から請求権代位制度を見直そうとする考え方も有力である[6]。

## Ⅱ　損害査定基準と請求権代位

### 1　人身損害の算定基準

　従来この問題の中心となったのが、自動車保険契約中の人身傷害補償保険契約である。一般に、同一内容の交通事故であっても、被害者に生じた人身損害の算定基準は複数あり、算出される額は必ずしも一致しない。人身傷害補償保

---

4－確立した判例の立場である。損害保険につき最判昭和50年１月31日民集29巻１号68頁、生命保険につき最判昭和39年９月25日民集18巻７号1528頁等。

5－大森忠夫『保険法〔補訂版〕』（有斐閣、1985年）182頁以下、石田満『商法Ⅳ（保険法）〔改訂版〕』（青林書院、1997年）205頁、西島梅治『保険法〔第３版〕』（悠々社、1998年）188頁、山下友信『保険法』（有斐閣、2005年）545頁以下、江頭憲治郎『商取引法〔第８版〕』（弘文堂、2018年）485頁、潘阿憲『保険法概説〔第２版〕』（中央経済社、2018年）139頁等。

6－山下友信＝永沢徹編著『論点体系保険法１』（第一法規、2014年）229頁以下〔土岐孝宏〕。同じ実損てん補方式の傷害保険契約でも、例えば所得補償保険契約の約款では代位の規定が置かれていないが、人身傷害補償保険契約の約款では代位の規定が置かれている。これらの違いは代位に伴う保険者のコストにも影響しているものと思われ、そうすると、代位制度自体も保険カバーの範囲と保険料の設定のために合意されたものとみることもできる。

険の約款では、具体的な損害算定基準が規定される（以下「人傷基準」という）が、裁判所が民法の規定に従って損害額を算出する基準（以下「裁判基準」という）よりも低額となるのが通例である[7]。このように保険者の代位取得と被害者に留保される範囲に違いが生じるが、保険法25条1項における「不足額」算定の前提となる「てん補損害額」がいずれの基準で算出された損害額をいうのか条文上明らかではなく、解釈上の問題が生じている。

## 2　裁判基準差額説

　実損てん補型の傷害疾病損害保険契約[8]の一種である人身傷害補償保険契約の約款[9]において差額説を採用する場合には、保険者が代位すべき範囲は被保険者に生じた損害額（てん補損害額）をどのように特定するかによって異なりうる。このことを理解するための例として[10]、ある交通事故によって被害者である人身傷害補償保険の被保険者に生じた人身損害が、裁判基準では500万円、人傷基準では350万円の損害額が認定されるものとし、被害者の過失1割が減額される結果、加害者に対しては450万円の損害賠償請求ができ、人身傷害補償保険の保険者に対しては人身傷害保険金350万円の請求ができるというケースを想定してみよう。

　このケースでは、「てん補損害額」を人傷基準損害額として把握すれば、その全額を受領した被保険者には不足額は存在しないため、加害者に対する損害賠償額450万円のうち350万円が保険者に移転し（人傷基準差額説）、被保険者は残余の100万円を加害者に対して請求できる。他方で、裁判基準損害額ベースでは、被保険者が350万円を受領してもなお裁判基準損害額500万円に対して

---

7――一般に、裁判基準＞人傷基準＞自賠責基準の順に損害額が低く算出される傾向にある。ほかにも、いわゆる自賠責基準（「自動車損害賠償責任保険の保険金等及び自動車損害賠償責任共済の共済金等の支払基準」（平成13年12月21日金融庁国土交通省告示第1号））や、裁判外紛争処理制度（ADR）における基準、日本弁護士連合会が定める基準（弁護士基準）などがある。
8――人身傷害補償保険契約の法的性質については議論があるが、本報告はこれには立ち入らず、保険法上の傷害疾病損害保険契約に属することを前提に議論を進める。
9――従前の約款には、保険金請求権者が他人に損害賠償の請求をすることができる場合には、保険者は、その損害に対して支払った保険金の額の限度内で、かつ、「保険金請求権者の権利を害さない範囲」内で、保険金請求権者がその他人に対して有する権利を取得するとする代位条項が置かれていた。
10――後述する東京地判平成26年1月28日の事案を簡潔にしたものである。

150万円が不足していることになり、これを控除した300万円（450万円−150万円）のみが保険者に移転する（裁判基準差額説）。この場合には被保険者は150万円を加害者に対して請求できる。このように、てん補損害額の特定の仕方によって被保険者が行使できる権利の範囲に違いが生じるのである。

平成24年の２つの最高裁判決（最判平成24年２月20日民集66巻２号742頁および最判平成24年５月29日判時2155号109頁）は、同文言について裁判基準によって算出された損害額を基準として差額説を適用する考え方（裁判基準差額説）を採用した。平成24年２月最判は、「『保険金請求権者の権利を害さない範囲』との文言は、保険金請求権者が、被保険者である被害者の過失の有無、割合にかかわらず、上記保険金の支払によって民法上認められるべき過失相殺前の損害額（以下「裁判基準損害額」という。）を確保することができるように解することが合理的である」としたうえで、保険金を支払った保険者は、「保険金請求権者に裁判基準損害額に相当する額が確保されるように、上記保険金の額と被害者の加害者に対する過失相殺後の損害賠償請求権の額との合計額が裁判基準損害額を上回る場合に限り、その上回る部分に相当する額の範囲で保険金請求権者の加害者に対する損害賠償請求権を代位取得する」という立場（裁判基準差額説）を明示し、平成24年５月最判もこれを踏襲している。

### 3　保険金額の計算規定に対する差額説の趣旨の援用可能性

この裁判基準差額説は、上記のように被保険者に有利な判断であるが、他方で、被害者である被保険者が保険者に対する人身傷害保険金の請求と、第三加害者に対する損害賠償請求のいずれを先行させるかという、請求の順序によってトータルで受領できる金額が異なるという新たな問題状況を惹起させることになった。

人身傷害補償保険の約款には、人傷基準により算定された損害額から、自賠責保険金や加害者からの賠償金など、すでに受領した金額を控除した残額を支払う旨の計算規定が存在する。これも請求権代位と同様、損害の重複てん補を回避するための規定である。２で示したケースにあてはめると、被保険者が加害者からの損害賠償金450万円を先行して受領した場合（賠償先行型）、人傷基準損害額350万円から受領済みの450万円を控除すると残額が存在しないため、

人身傷害保険金として支払われるべき保険金はないことになる。他方で、人身傷害保険金の請求を先に行い350万円が支払われた場合（人傷先行型）、保険者は300万円の範囲でのみ被保険者債権を代位取得するため、被害者である被保険者は、加害者に対して150万円（450万円－300万円）の請求が可能であり、裁判基準損害額500万円全額を受領できる。前者のように、賠償先行型では、受領できる金額は50万円少なくなるという違いが生じるが、先行して受領した損害賠償金の額を支払うべき保険金額から控除するというのは、厳密には請求権代位の問題ではなく、保険法25条１項の射程が直接には及ばない点に解決の難しさがある。

　この問題はすでに平成24年の各最判においても認識されていたところであり、平成24年２月最判の宮川裁判官も「そうした事態は明らかに不合理であるので、上記定めを限定解釈し、差し引くことができる金額は裁判基準損害額を確保するという『保険金請求権者の権利を害さない範囲』のものとすべきである」との補足意見を付けている[11]。また、続く平成24年５月最判の田原裁判官も「同一の約款の下で、保険金の支払と加害者からの損害賠償金の支払との先後によって、被害者が受領できる金額が異なることは決して好ましいことではない。……保険金の支払と加害者からの損害賠償金の支払との先後によって被害者が受領することができる金額が異ならないように、現行の保険約款についての見直しが速やかになされることを期待する」旨の補足意見を付けた。

　桃崎剛判事は、賠償先行型事案については人傷基準損害額によるべきであるとし、計算規定では、被保険者が保険者や加害者または第三者からどのような給付を受けたかによって受領しうる額が常に同一であるとは限らないのであるから、賠償先行型か人傷先行型かで被保険者が受領する額が同一である必要はないとする[12]。これに対して、山下友信教授は、両者の結果は同じになるようにするのが解決の前提であるべきとされ、裁判基準による損害額が確定して

---

11－平成24年最判後に出された東京地判平成26年１月28日判タ1420号386頁は、計算規定の解釈についても被保険者が裁判基準損害額を確保するべく限定解釈を採用したが、控訴審判決である東京高判平成26年８月６日判タ1427号127頁をはじめ、大阪高判平成24年６月７日判時2156号126頁、京都地判平成25年６月13日交通民集46巻３号736頁等、限定解釈を否定するものが少なくない。拙著「判批」ジュリ1504号（2017年）108頁等。

いる限りにおいては、「人傷基準による損害額」を「裁判基準による損害額」と読み替える約款の修正解釈の方向性を示唆した[13]。

　その後、補足意見や学説上の指摘を受け、人身傷害補償保険の約款が改定されている。改定後の約款には、およそ「賠償義務者があり、かつ、賠償義務者が負担すべき法律上の損害賠償責任の額を決定するにあたって、判決又は裁判上の和解において……〔約款の〕規定により決定される損害額を超える損害額が認められた場合に限り、賠償義務者が負担すべき法律上の損害賠償責任の額を決定するにあたって認められた損害額をこの人身傷害条項における損害額とみなします。ただし、その損害額が社会通念上妥当であると認められる場合に限ります。」といった条項が追加されている。当事者間での和解や加害者側の保険会社による示談代行はもとより、裁判外紛争処理制度（ADR）により決定された損害額であっても「判決又は裁判上の和解」には該当せず、当該条項の適用はない。当該条項の意義が裁判基準損害額の補償の要請を満たしつつも責任関係の当事者間での恣意的な損害認定を認めないことにあるとすれば、保険会社の客観的な算定基準により、恣意的な損害認定ではないと評価できる場合など類推適用の余地がないわけではないように思われるが、解釈上のハードルは高い。

## Ⅲ　損害項目と請求権代位

### 1　損害項目と対応原則

　被保険者が加害者等の第三者に対して保険給付の対象とはなっていない損害項目について損害賠償請求できる場合、請求権代位による移転範囲の基準となるてん補損害額はどのように決定されるべきか。学説においては、従前から、請求権代位が被保険者の利得を排除するための制度であることを根拠に、代位

---

12―桃崎剛「人身傷害補償保険をめぐる諸問題――東京地判平成19年２月22日（判タ1232号128頁）を契機として」判タ1236号（2007年）72頁。桃崎判事は保険者が人身保険金の支払いを躊躇するという事態を誘発する懸念に触れ、そのような運用は厳に戒められるべきとするが、植田智彦「人身傷害補償保険による損害填補及び代位の範囲についての考察」判タ1243号（2007年）18頁はこれを批判する。

13―山下友信「人身傷害補償保険の保険給付と請求権代位」保険学雑誌600号（2008年）133頁、岡田豊基「人傷保険における請求権代位の範囲」神戸学院法学43巻４号（2014年）51頁等。

の対象となる債権は保険による損害てん補の対象と対応する損害についての賠償請求権に限られるとする考え方（対応原則）が支配的であった[14]。先に述べたとおり、てん補損害額は「損害保険契約によりてん補すべき損害の額」であるから（保険法18条1項）、当該損害保険契約においててん補の対象となっていない損害項目は含まないものと解するのが自然であるが[15]、どこまでこの原則を厳格に適用できるかなど、疑義がないわけではない。

　原則論としては、損害保険契約はある特定の被保険利益を対象とするものであるから、当該被保険利益とは別の利益に損害が生じたとしても、この損害は当該保険契約とは無関係であり代位の対象とはならないといえる[16]。対応原則から導かれる当然の帰結であり、訴訟提起のための弁護士費用[17]や損害元本に対する遅延損害金[18]などが、裁判例において代位の対象から除外されている。しかしながら、人身損害については、損害保険契約における被保険利益の特定と、損害賠償における賠償額の算定における損害項目の特定とが合致しない場合もありえ、対応原則を貫徹することは困難であることが指摘されている[19]。損害賠償請求の局面で、包括的な損害額算定が行われる場合も同様である。

## 2　項目別比較法と積算額比較法

　てん補損害額を特定する方法には、損害の共通性を項目ごとに確認し、その合計額について代位を認める項目別比較法と、被保険者債権として被保険者が

---

14—山下・前掲注5書562頁、洲崎博史「保険代位と利得禁止原則（一）」論叢129巻1号（1991年）9頁。

15—嶋寺基『新しい損害保険の実務』（商事法務、2010年）143頁。

16—洲崎・前掲注14論文11頁。東京高判平成20年3月13日判時2004号143頁は人身傷害保険金のうち損害てん補の性質を有する損害項目（休業損害と慰謝料）についてのみ、代位を認めている。

17—大阪地判昭和60年2月22日判タ555号322頁等。

18—前掲最判平成24年2月20日は、「上記保険金は、被害者が被る損害の元本を填補するものであり、損害の元本に対する遅延損害金を填補するものではないと解される。そうであれば、上記保険金を支払った訴外保険会社は、その支払時に、上記保険金に相当する額の保険金請求権者の加害者に対する損害金元本の支払請求権を代位取得するものであって、損害金元本に対する遅延損害金の支払請求権を代位取得するものではない」として対応原則に従った判示を行っている（宮川裁判官の補足意見も参照）。

19—山下・前掲注5書553頁以下。

請求しうる損害賠償の総額と保険給付額との差額について代位を認める積算額比較法とがある[20]。

差額説では、保険給付額すなわち支払保険金額と損害賠償金の合計額が「損害額」を上回る場合に、その差額について保険者が代位取得することになる。そのため、ある損害項目が保険給付に含まれていないけれども、損害賠償には含まれているという場合には、項目ごとの比較をする項目別比較法では、その項目については代位しないことになるが、それぞれの総額で比較する積算額比較法では、相対的に損害額が大きくなることから、保険者が代位する被保険者債権の範囲は狭くなり、被保険者に有利な結果が生じうる。代位の範囲について、項目別比較法と積算額比較法のいずれによるべきかは、保険法25条１項からは明らかではなく、解釈によるべきことになる[21]。

### 3　車両保険（物保険）における対応原則

物保険については、保険の目的物である財産の評価額（保険価額）を基準として損害額が算定され、てん補の対象も約款上明確に特定されているのが通例であるから、項目別比較法になじむといえそうである。しばしば問題になるのが、車両保険において保険給付の対象から明示的に除外される休車損害である[22]。

東京高判平成30年４月25日金判1552号51頁（原審：東京地判平成29年10月19日金判1552号55頁）は、自動車保険契約に加入していた会社が、交通事故により修理費用約88万円および休車損害約12万円の合計約100万円の車両損害を被り、車両保険金として修理費用約88万円につき免責金額である10万円を控除した約78万円が支払われたという事案である。被保険者である会社の加害者に対する損害賠償請求権（過失相殺により３割減額）のうち車両保険金を支払った保険者

---

20―山本豊「人身傷害補償保険金の支払と損害賠償請求権の減縮の有無」判タ1305号（2009年）44頁、山本哲生「代位論」藤村和夫ほか編『実務交通事故訴訟大系第３巻』（ぎょうせい、2017年）783頁。
21―山本哲生教授は、「人身損害を一体とした損害評価を基礎として、人身損害を１個として重複を認定することが差額説にはより親和的ではないだろうか」として、人身損害については積算額比較法が妥当であるとされる。山本哲生・前掲注20論文800頁。
22―「自動車保険の解説」編集委員会『自動車保険の解説2017』（保険毎日新聞社、2017年）184頁以下。

に移転する額が争われた。原審である東京地判平成29年は、修理費用88万円につき過失相殺3割を減額した約62万円から10万円（不足額）を控除した約52万円が保険者に移転すると結論づけた。休車損害は請求権代位の枠組みとは別に考えることになる。これが項目別比較法による帰結である。

　これに対して、上告審である東京高裁平成30年は、前述した平成24年の各最高裁判決を引用するとともに、「過失相殺がされる場合には、被害者に支払われた保険金は、まず損害額のうち被害者の過失割合に相当する部分に充当され、その残額が加害者の過失割合に相当する部分に充当される（いわゆる裁判基準損害額）」として、保険者に移転すべき金額を約48万円と算定した。計算の方法こそ異なるものの、休車損害を含めた損害総額約100万円をてん補損害額として保険給付額約78万円を控除した約22万円を不足額として、加害者に対する債権約70万円から控除した結果であり、積算額比較法による帰結といえる[23]。

　たしかに、被害者救済の見地からは、てん補されない休業損害等についての賠償請求権を代位の対象に含めることで、保険者の代位取得すべき額が相対的に小さくなる結果、被保険者である被害者に残存する損害賠償請求権は増加するというメリットがあり、対応原則を緩和し、休業損害等の逸失利益を代位の対象として被保険者に有利な取扱いとなる[24]。しかしながら、車両保険契約のように、休車損害がてん補範囲から明確に除外され、かつ損害の性質上これを区分することが容易である場合[25]にまで、てん補されない損害をも加えて代位取得する範囲を縮小させるべき被害者救済の要請があるとはいえようか。車両保険のような物保険の分野では、項目別比較法により対応原則を徹底することが妥当である[26]。

---

23―神戸地判平成10年5月21日交通民集31巻3号709頁は、車両損害、レッカー代等、休車損害の総額から保険者が代位取得すべき金額を算出しているが、比例説による場合は具体的な違いは生じない。

24―上田昌嗣「保険法制定を契機とした『対応原則』に関する一考察」損保研究72巻2号（2010年）107頁以下。

25―車両保険もてん補の対象に一部費用損害を含んでいる。一口に費用損害といっても、損害防止費用のような積極損害と、休業損害や収益費用などの消極損害などもあり、これらを包括的に補償する費用保険や利益保険についてはなお難しい問題が生じうる。

26―拙著「判批」ジュリ1549号（2020年）104頁。

# Ⅳ　むすびに代えて

　保険法25条１項がいわゆる差額説を採用することで被保険者の利益に資する判断が可能になった。しかしながら、それが故に生じた歪みも否定できない。差額説の趣旨は、代位制度を超えて損害の重複てん補の調整規定にまで及ぶ可能性があるが、他方で画一的な処理が要求される保険取引においては明確性や公平性がより強く求められる。請求権代位制度の趣旨を再構成し、射程の明確化が図られる必要があるのではなかろうか。

講演3レジュメ

# 傷害保険の偶然性の要件事実

潘　阿憲

## I　本報告の目的

　保険法では、それまで商法には規定のなかった保険契約類型として、「傷害疾病定額保険契約」を設け、「保険契約のうち、保険者が人の傷害疾病に基づき一定の保険給付を行うことを約するものをいう」（保険法2条9号）と定義付けたが、ここでいう「人の傷害疾病」とは、被保険者の傷害疾病という意味であり（同条4号ハ参照）、また、「傷害疾病」とは、「傷害」または「疾病」を指すものであるものの（同条4号ハ参照）、「傷害」および「疾病」とは何かについての定義規定は置かれていない。

　しかし、従来、損害保険会社において用いられてきた傷害保険約款では、「傷害」は、「急激かつ偶然な外来の事故による身体の傷害」と定義されており、「急激」、「偶然」および「外来」の3要件は、被保険者の身体に傷害を生じさせる事故（原因事故）の構成要素とされている。この3要素のうち、「偶然」とは、被保険者にとって予見できない原因から傷害の結果が発生することをいうものであり、故意によらないことと同意義であると解されてきた[1]。ところが、傷害保険約款では、同時に、保険契約者または被保険者の「故意」によって生じた傷害は免責事由として規定されており、「偶然」が故意によらないこ

---

1──西島梅治『保険法〔第3版〕』（悠々社、1998年）381頁、山下友信『保険法』（有斐閣、2005年）450頁、江頭憲治郎『商取引法〔第7版〕』（弘文堂、2013年）534頁。

とと同義であると解されると、そもそも「偶然」または「故意」の立証責任を
どのように考えるべきかが問題となり、これまで多くの議論がなされてきたと
ころである。

　本報告では、まず、「偶然」という要素の解釈について検討したうえで、そ
の立証責任の所在に関する判例・学説の展開、および保険法における故意免責
規定の新設による影響について検討を加え、偶然性の要件事実を明らかにする。

## II　「偶然」の解釈

　損害保険契約については、平成20年改正前商法629条は、「当事者ノ一方カ偶
然ナル一定ノ事故ニ因リテ生スルコトアルヘキ損害ヲ塡補スルコトヲ約シ相手
方カ之ニ其報酬ヲ与フルコトヲ約スルニ因リテ其効力ヲ生ス」と定義し、また、
保険法2条6号は、「保険契約のうち、保険者が一定の偶然の事故によって生
ずることのある損害をてん補することを約するものをいう」と定義しているが、
これらの定義規定にいう「偶然」とは、保険契約の成立時点において、保険事
故が発生するか否かが不確定であるという意味であり、そしてそれは、客観的
な意味での不確定だけでなく、保険契約の当事者および被保険者が保険事故の
発生の有無を知らなければよいという主観的な意味での不確定も含まれると解
される[2]。

　これに対し、傷害疾病定額保険契約に関しては、保険約款上、「急激かつ偶
然な外来の事故による身体の傷害」が傷害保険契約の保険事故として定められ
ているが、そこでいう「偶然」とは、前述のように、被保険者にとって予見で
きない原因から傷害の結果が発生することをいうものであり、故意によらない
ことと同意義であると解される。

　それでは、なぜ、同じ「偶然」という用語であるにもかかわらず、損害保険
契約と傷害保険契約とで意味が異なるのであろうか。大森博士は、損害保険契
約における「偶然性」（Zufälligkeit）の解釈について、次のように説明している。
すなわち、保険は、同様の経済的危険に曝された多数人の出捐からなる金銭を

2―判例（最判平成18・6・1民集60巻5号1887頁）、通説（大森忠夫『保険法〔補訂版〕』（有斐閣、
　1985年）61頁、西島・前掲注1・313頁、山下・前掲注1・356頁、江頭・前掲注1・433頁）である。

もって基金を構成し、そのうちのある者について具体的に保険事故が発生した場合に、この基金からその者にある金銭を支払う制度であり、保険関係成立のためには、保険の技術的見地からの要請として、その事故が発生可能であって、かつ発生が未必であることが必要である。なぜならば、当初から既に発生が不可能なことが明白な事故に対しては、保険加入の希望者はなく、また当初から既に発生が確定している事故に対しては、いわば危険率が100パーセントであって、保険料はついに保険金と同額ならざるを得ず、保険の意義が失われるからである。したがって、保険契約の成立時において、保険事故の発生・不発生は不確定であることが必要である。ただ、契約成立時に既に客観的に発生している事故であっても、契約当事者および被保険者がこれを知らない場合には、保険が悪用される弊害はなく、保険が可能とされているため（平成20年改正前商法642条）、ここでいう不確定性は原則として主観的不確定性（主観的不可測性）をもって足りる[3]。このように、損害保険契約における保険事故の偶然性は、「保険制度そのものの可能のための技術的要請」から必要とされるものであり、この意味における偶然性は、保険契約の成立の時点において満たされれば、保険制度自体の成立が可能となるので、保険契約が成立した後は、事故がいかなる事由によって発生するかは、少なくとも、保険制度の技術的要請の見地からは、あえて問うところではなく、事故が被保険者の心意（故意・過失）に基づいて生じた場合でも、それが法定または約定免責事由として免責されることがあっても、前記のような意味の事故の偶然性の要請とは直接関係のない問題となるのである[4]。そうすると、被保険者の心意に基づく事故について保険者が免責されるという問題を説明するに際し、かかる事故が偶然性を欠くためといった説明は、適切さを欠き、あくまでも信義則ないし公序良俗違反の問題として捉えられるべきである[5]。

　このように、大森博士は、損害保険契約における保険事故の偶然性を「保険制度そのものの可能のための技術的要請」として捉え、この要件が保険契約成立の時点において満たされれば足りるとの解釈を示したが、この説が、やがて

---

3―大森忠夫「被保険者の保険事故招致」保険契約の法的構造（有斐閣、1952年）210頁以下。

4―大森・前掲注3・212頁。

5―大森・前掲注3・220頁。

通説的な見解となり、今日に至っている。そして、改正前商法629条は、損害保険契約の成立要件を規定していたにとどまり、保険金請求権の請求要件事実について規定していなかったため、被保険者が主張・立証すべき請求要件事実としては、保険事故および損害の発生、保険事故と損害との因果関係、損害の額ということになり[6]、当然、偶然性は、保険金請求権成立のために必要な要件事実ではないので、これについて主張・立証する必要はないということになる。

　しかし、大森説に対しては、近時、有力な反対説が主張されていた。この学説によれば、改正前商法629条の前身である法律取調委員会商法第二読会の686条は、「保険契約は、保険者が物件の亡失もしくは損害の危険その他偶然の事変に由って損失を被りたる財産上の損失を賠償する義務を被保険者に対して負担する契約とす」と規定し、損害の危険その他偶然の事変が原因で損害が発生したことを保険金請求権の成立のための要件事実とする旨を明確に定めていた。同規定の解釈として、財産損害の発生時を基準時として、事故発生が偶然のものであることが要求されることが明らかであるから、改正前商法629条より優れているが、解釈論のレベルにおいては、改正前商法629条が上記686条の内容を変更する趣旨を含むものではなく、むしろ、同一の内容を規定したものと解すべきであり、改正前商法629条は、保険契約成立時の「偶然性」に言及すると同時に、むしろ、その主眼点は保険事故発生時の事故の「偶発性」を具体的な保険金請求権の発生要件とすることを明らかにする点にあったとする[7]。

　大森博士によれば、「偶然」という邦語は、保険契約締結時点における事故の客観的不確定性および主観的不可測性（Ungewissheit）を意味するだけでなく、事故の発生が、ある人の積極的・消極的心意とは無関係であること（Zufälligkeit）の意味も有するが[8]、前記反対説は、契約成立時における不確定性という意味での偶然性は、損害保険契約に限らず、生命保険契約などあらゆる保険契約において契約成立のために必要な要件事実であるという前提に立っ

---

6―大江忠『要件事実商法（下）』（第一法規、1997年）208頁以下。
7―西島梅治「火災保険金請求訴訟と立証責任――最判平16・12・13の問題点、放火が火災発生の最大原因だ」損保研究67巻3号（2006年）30頁以下。
8―大森・前掲注3・213頁。

たうえで、大森説のように、改正前商法629条にいう「偶然な」の語を、契約成立時における不確定性という意味での偶然性に限定することに反対し、具体的な事故の発生態様がZufällig（非意図的）であることが保険金請求権の成立のための要件事実である、と主張するわけである[9]。

　しかし、反対説のように、改正前商法629条がその前身の法律取調委員会商法第二読会686条と同一の内容を規定したもので、保険事故発生時の事故の「偶発性」を具体的な保険金請求権の発生要件として規定していたと解釈することについては、立法の沿革からみて疑義があるのみならず、改正前商法629条の文言解釈としても無理があるように思われる。典型的な損害保険契約である火災保険契約についてみてみると、火災保険契約の場合においては、保険事故は火災であるが、火災とは、「社会通念上火災と認められる性質と規模とを有する火力の燃焼作用」、または、「独立の延焼力を有する燃焼作用」などと定義されており[10]、火災という概念自体において「偶然」という要素が含まれているわけではない。このため、保険金請求者としては、請求要件事実として、前記のような意味での火災が発生したこと、当該火災によって損害が発生したことを主張立証すれば足りるはずであり、火災の概念には含まれていない「偶然」という要素の存在についての主張立証責任を保険金請求者に負わせる根拠はない。つまり、火災発生が偶然のものであることについてまで主張立証する必要はない[11]。火災が無関係の第三者ではなく、保険契約者または被保険者自身の意図的な行為によって生じた場合には、故意免責の問題として処理されるだけである。

　これは、自動車保険の場合でも同様である。自動車の衝突事故や接触事故等の場合において、事故の概念自体に「偶然」の要素が含まれているわけではない。自動車保険約款の車両条項では、「衝突、接触、墜落……その他偶然な事故」を保険事故として規定しているが、これは、保険契約成立時に発生するかどうか不確定な事故をすべて保険事故とすること（いわゆるオール・リスク保険）を分かりやすく例示して明らかにしたもので、改正前商法629条にいう「偶

---

9―西島・前掲注7・35頁。
10―山下・前掲注1・357頁。
11―最判平成16・12・13民集58巻9号2419頁。

然ナル一定ノ事故」を車両保険契約に即して規定したものであって、事故が被保険者の意思に基づかないことをいうものではない[12]。したがって、前記反対説のような解釈は、理論的根拠が乏しいといわざるを得ない。

　以上に対し、傷害保険契約においては、約款（傷害保険普通保険約款）上、「急激かつ偶然な外来の事故による身体の傷害」が保険事故として定められている。厳密にいえば、保険事故は「傷害」であるが、当該「傷害」を生じさせる「事故」（原因事故、すなわち傷害事故）は、「急激かつ偶然な外来の」ものでなければならない。ここでは、「急激性」と「外来性」とともに「偶然性」は、保険事故の要素（要件）として盛り込まれているわけである[13]。それでは、なぜ、傷害保険における保険事故の要素として「偶然性」が必要とされているのであろうか。それは、傷害保険の本質は、われわれ人間が日常的に遭遇しうる事故のうち、その発生により身体に傷害を生じさせるもののみを保険の対象とするものであるが、身体に傷害を生じさせる事故にも、いろいろな性質や種類のものがあることから、保険者は、その担保範囲を限定するために、急激性、偶然性および外来性の３要件を満たした事故のみを保険事故である傷害の原因事故として定め、それによって生ずる傷害を保険保護の対象としたものであると考えられる。ただ、傷害保険にもいろいろな種類のものがあり、例えば、交通事故傷害保険やファミリー交通傷害保険などの一部の傷害保険においては、約款上、「急激かつ偶然な外来の事故」という一般的な傷害事故の概念が定められていないが、それは、一般的な傷害保険（普通傷害保険）と異なり、これらの傷害保険は、すべての急激かつ偶然の外来事故を担保範囲とするのではなく、主として交通事故といった特定の偶発的な事故による人身傷害を担保するものであるため、あえて３要件からなる傷害事故の概念を定める必要がないか

---

12─最判平成18・6・1民集60巻5号1887頁、最判平成18・6・6判時1943号11頁、最判平成19・4・17民集61巻3号1026頁、最判平成19・4・23判時1970号106頁、山下友信「オールリスク損害保険と保険金請求訴訟における立証責任の分配」川井健＝田尾桃二編『転換期の取引法──取引法判例10年の軌跡』（有斐閣、2005年）515頁、同・前掲注1・359頁、山本哲生「保険事故の偶然性について」生命保険論集160号（2007年）1頁、山野嘉朗『保険契約と消費者保護の法理』（成文堂、2007年）296頁。これに対し、出口正義「判批」損保研究68巻3号（2006年）270頁は、車両条項が定める保険事故を個別にみても、「その他偶然な事故」の文脈上の意義を考えても、これらの保険事故に偶然性が含まれると解するのが合理的であるとしているが、このような解釈には疑問である。
13─山下・前掲注1・356頁。

らである。現に、同じ交通事故傷害保険およびファミリー交通傷害保険においても、交通事故以外の不特定多数の偶発的事故を担保範囲として定める場合には、やはり「急激かつ偶然な外来の事故」という概念が用いられているのである[14]。

このように、一般的な傷害保険（普通傷害保険）の保険事故は、急激かつ偶然の外来の事故によって被保険者の身体に傷害を被ることであるから、一般的な傷害保険にとって偶然性の要件は、外来性および急激性の要件とともに、保険事故の必要不可欠の構成要素であり、したがって、この場合の偶然性は、単に契約成立時の保険事故の発生・不発生の不確定性（Ungewissheit）を意味するだけでなく、さらに、非意図的（Zufällig）、すなわち故意によらないことを意味するものと解されることになる。

## Ⅲ　偶然性の立証責任

学説においては、従来から、傷害保険金請求権を主張する側において傷害の原因を立証する必要があること、偶然性すなわち非故意性は傷害にとって概念本質的な要件であるため、故意によらないことは保険金を請求する者が立証すべき消極的要件であることを理由に、保険金請求者が事故の偶然性についての立証責任を負うと主張する見解が多かった[15]。ただ、自殺や自傷行為は、被保険者の内心の意思にかかわるものであり、被保険者の故意によらないことの立証が極めて困難であることを考慮して、この主観的要件に関する立証は必ずしも厳格に要求されるものではなく、周囲の情況からする判断による一応の証明ないし表見証明で足りるとする見解もある[16]。

---

14―例えば、交通事故傷害保険普通保険約款およびファミリー交通傷害保険普通保険約款1条1項2号は、「運行中の交通乗用具の正規の搭乗装置もしくは当該装置のある室内に搭乗している被保険者または乗客として改札口を有する交通乗用具の乗降場構内にいる被保険者が、急激かつ偶然な外来の事故によって被った傷害」に対して保険金を支払う、と定めている。

15―大森忠夫「商法における傷害保険契約の地位」『保険契約法の研究』（有斐閣、1969年）119頁、石田満『商法Ⅳ（保険法）〔改訂版〕』（青林書院、1997年）349頁、古瀬村邦夫「生命保険契約における傷害特約」ジュリ769号（1982年）144頁、山下丈「傷害保険契約における傷害概念（2・完）」民商75巻6号（1977年）900頁、笹本幸祐「人保険における自殺免責条項と証明責任（4・完）」文研論集131号（2000年）144頁、拙稿「傷害保険および生命保険の災害関係特約における偶然性の立証責任」文研論集124号（1998年）250頁。

　これに対し、保険金請求者に故意によらないことの立証責任を課すと、原因不明の事故の場合における保険金請求が著しく困難になり、保険金請求者に厳しい結果をもたらすこと、傷害保険約款では被保険者の故意が保険者免責事由として掲げられており、免責事由の存在は保険者が立証すべきものであることなどを理由に、事故が偶然でないこと（故意）の立証責任は保険者が負担すべきだとする見解も有力に主張されてきた[17]。

　最判平成13・4・20判時1751号171頁は、普通傷害保険の被保険者が建物の屋上から転落し、脊髄損傷等により死亡した事案について、「本件各約款に基づき、保険者に対して死亡保険金の支払を請求する者は、発生した事故が偶然な事故であることについて主張、立証すべき責任を負うものと解するのが相当である」と判示し、その理由として、①発生した事故が偶然な事故であることが保険金請求権の成立要件であること、②そのように解さなければ、保険金の不正請求が容易となるおそれが増大する結果、保険制度の健全性を阻害し、ひいては誠実な保険加入者の利益を損なうおそれがあることを挙げて、故意免責規定は、確認的注意的な規定であるとの解釈を示した。本件最判により、傷害保険における偶然性の立証責任は保険金請求者側が負うという判例の準則が確立されたが、学説においては、特に②の理由付けが不適切であるとして、これを批判する見解が少なくない[18]。

　保険法では、傷害疾病定額保険契約における「傷害」の概念に関して、偶然

---

16—大森・前掲注15・120頁注3、石田・前掲注15・349頁注2、古瀬村・前掲注15・144頁、横田尚昌「傷害保険金請求における事故の偶然性の証明」生命保険論集156号（2006年）159頁。

17—中西正明『傷害保険契約の法理』（有斐閣、1992年）72頁、同「判批」判評414号（判時1458号）（1993年）65頁、同「災害関係特約における被保険者の故意の立証責任」保険事例研究会レポート113号（1996年）5頁、山下友信「判批」ジュリ1044号（1994年）134頁、竹濱修「人保険における自殺免責条項」立命館法学225・226合併号（1992年）1089頁、山野嘉朗「判批」判評462号（判時1603号）（1997年）41頁、同『保険契約と消費者保護の法理』（成文堂、2007年）290頁、小林俊明「判批」ジュリ1090号（1996年）162頁、山本哲生「保険事故の偶然性について」生保160号（2007年）15頁。

18—山野・前掲注17・286頁以下、竹濱修・リマークス25号（2002年）109頁、小林登「不慮の事故の立証責任」保険事例研究会レポート176号（2003年）1頁、岡田豊基「傷害保険契約における偶然性の立証責任」損保65巻1・2合併号（2003年）335頁、榊素寛「判批」保険事例研究会レポート199号（2005年）16頁以下、同「判批」商事1708号（2004年）43頁、木下孝治「判批」保険事例研究会レポート222号（2008年）15頁、桜沢隆哉「傷害保険契約における保険事故と偶然性・外来性」生保164号（2008年）245頁。

性の要件を掲げた定義規定が設けられておらず、また80条の規定により故意・重過失による給付事由の発生が免責事由とされていることから、立証責任に関するいわゆる法律要件分類説により、被保険者等の故意・重過失にかかる要件事実の主張立証責任は、保険者が負うことになり[19]、保険金請求者側に事故の偶然性についての立証責任があるとする前記最高裁判例は、もはや効力を有しないとする見解が多い[20]。

　もっとも、保険法80条の免責規定は、任意規定であり、故意免責に関する立証責任の所在については、個々の保険約款にかかる保険約款の解釈にゆだねられている[21]。前述のように、傷害保険契約には、担保範囲を限定するために偶然性を含む3要素を要件とする傷害事故の概念を規定している一般的な傷害保険契約（普通傷害保険）と、交通事故といった特定の偶発的事故のみを担保するために、そのような傷害事故の概念を定立していない傷害保険契約（交通事故傷害保険等）とがあり、前者においては、偶然性を含む3要素は保険事故である「傷害」の本質的内容となっているので、保険金請求者において、偶然性を含む3要素にかかる要件事実について主張・立証する責任を負わなければならないのではないかと考えられる。その限りにおいて、保険法80条ないし傷害保険約款上の故意免責規定は、確認的規定となる。たしかに、そうすると、普通傷害保険の保険金請求権者（保険金受取人）が他の傷害保険の保険金請求権者よりも不利な立場に置かれることとなるが、それは普通傷害保険における担保範囲の限定に伴うもので、その内容が著しく不当なものとはいえず、消費者契約法10条により無効となることはないと考えられる[22]。

　近時の下級審裁判例においても、前記最高裁判例の立場を維持し、保険法80

---

19—萩本修編著『一問一答保険法』（商事法務、2009年）194頁、竹濱修「生命保険契約および傷害疾病保険契約特有の事項」ジュリ1364号（2008年）48頁、肥塚肇雄「搭乗者傷害保険」藤村和夫＝伊藤文夫ほか編『実務交通事故訴訟大系第2巻　責任と保険』（ぎょうせい、2017年）436頁。

20—山下友信「保険法と判例法理への影響」自由と正義60巻1号（2009年）34頁、土岐孝宏「傷害保険契約における偶然性の立証責任分配に関する将来展望——法制審議会保険法部会・保険法の見直しに関する中間試案を踏まえて」損保69巻4号（2008年）35頁以下、神谷高保「保険事故の偶発性の立証責任（2・完）」民商140巻2号（2009年）183頁以下、榊素寛「保険事故の要件論を巡る最高裁判例・下級審裁判例・学説の緊張関係」損保研究75巻4号（2014年）265頁以下。

21—萩本修編著『保険法立案関係資料』（別冊商事321号）（2008年）154頁、萩本・前掲注19・194頁、大串淳子＝日本生命保険生命保険研究会編『解説保険法』（弘文堂、2008年）82頁［藤井誠人］。

条の法定免責規定が任意規定であること、約款上、傷害保険金の発生要件として急激かつ偶然な外来の事故が定められていることを理由に、事故の偶然性すなわち被保険者等の意思によらないことの主張立証責任は保険金請求者が負うとするものが多く[23]、消費者契約法10条との関係についても、偶然性の要件は一般的な傷害保険において傷害事故の概念を構成する不可欠な要素であること、保険金の不正請求を防止し保険制度の健全性を確保するためにこのような約款を設けることには合理性もあることを理由に、同約款が信義則に反して消費者の利益を一方的に害するとまではいえないとして、同条により無効となることはないと判断されている[24]。

22―佐野誠「新保険法における傷害保険約款規定」生命保険論集166号（2009年）9頁、出口正義「保険法の若干の解釈問題に関する一考察」損保71巻3号（2009年）45頁、江頭・前掲注1・535頁、落合誠一監修『保険法コンメンタール〔第2版〕』（損害保険事業総合研究所、2014年）162頁［山下典孝］、山下友信＝永沢徹編『論点体系保険法1』（第一法規、2014年）344頁［南出行生］、山下典孝「判批」金判1536号（2018年）108頁、宮島司編著『逐条解説保険法』（弘文堂、2019年）938頁［李鳴］。これに対し、傷害保険約款のような担保範囲の設定には合理性がなく、不当条項規制の対象となるとする見解もある。山本・前掲注17・28頁、榊素寛「判批」民商132巻6号（2006年）933頁、木下・前掲注18・18頁、井上健一「判批」ジュリ1415号（2011年）111頁。

23―福岡高判平成29・6・28金判1540号51頁、名古屋地判平成28・9・26判時2332号44頁、東京地判平成28・5・12ウエストロー・ジャパン文献番号2016WLJPCA05128003、同控訴審である東京高判平成28・12・21ウエストロー・ジャパン文献番号2016WLJPCA12216002、名古屋地半田支判平成28・6・22自保ジャーナル1980号142頁、東京高判平成26・5・28判時2231号106頁など。

24―東京地立川支判平成30・2・26LLI/DB判例秘書登載、同控訴審・東京高判平成30・8・23LLI/DB判例秘書登載、大阪高判平成21・9・17金判1334号34頁。

# コメント

今井　和男

山下　友信

# コメント1

今井和男

## 1 嶋寺基弁護士報告について

告知義務違反による解除の規律は保険法の制定により改正前商法第644条が改正され、「悪意又ハ重大ナル過失」は「故意又は重大な過失」となり、さらに、質問応答義務（第4条）と告知義務違反解除（第28条）という二段階構造の条文になり法律要件分類説による立証責任の分配とそれを根拠付ける要件事実がより明確になったと指摘される。下記の点についてご意見を伺いたい。

（1）重要な事項について

保険法第4条、同28条によれば、保険者が告知を求めた重要事項について（①）、「事実の告知をしないこと」または「不実の告知をすること」（②）が故意の対象となる（③）。

告知すべき事実は保険者が危険選択の上で必要と思われる事項につき求めるのであるから告知を求めた事実は基本的に「重要な事項」と考えて良いのではないか。

次に、因果関係不存在特則（報告書4（4））との関係はどのように考えたら良いのか。すなわち、「告知義務違反解除を認めつつ、既発生の事故に対する保険者の保険給付義務の免責の効果を否定するもの」とはどういう場合なのか。

つまり、告知義務違反解除は危険選択上必要と思われる質問事項について「不告知または不実の告知」があった場合に解除ができる規定なので、因果関係が不存在であることを原告（保険金請求者）が再抗弁として主張立証するのは極めて限られた場面とは思うものの具体的にはどのような場合が考えられるのか。

保険者が「故意」を立証しようとすると「故意」は原告の内心の意思であるので、これを立証するのは困難を伴い、直接証拠がないケースが多いので間接証拠や間接事実を以て立証するしかないことがほとんどのケースと思われる。

まして、もしも「重要な事項」の保険金請求者の認識まで相手方（保険者）が立証するとなると更に困難を伴う。この点においても告知を求める事項は前述の点に留めることが公平な立証責任の分配といえるのではなかろうか。重過失は「正しく回答していると判断したことについて著しい注意義務違反があった場合」で故意の立証ほどハードルは高くないものの「著しい注意義務違反」という客観的画一的な基準がない要件事実の立証という難しさはある。結局「故意」の立証を尽くした結果「故意」の十分な推認までには至らないが少なくとも「著しい注意義務違反」はあるとの認定はできるということは十分あり得て、故意と重過失は一体として正しい告知をしなかったことの被保険者の責めを問う保険者の立証の程度の違いと考えられるがいかがですか。

(2)　保険媒介者の告知妨害又は不告知教唆について

この要件事実は保険金請求者が再抗弁として主張立証責任を負うところ、告知妨害又は不告知教唆が何なのか、どこまでどの程度かという質と量が問われている他、保険媒介者は例えば営業職員であれば常に「保険媒介者」といえるのかが問題になると思う。

報告に記載のあるような「偶然病院で被保険者と遭遇した」場合には告知するようにアドバイスする保険媒介者の責務があるとの見解には、報告者同様私も賛同できない。少なくともその不作為を以て「告知妨害又は不告知教唆」とはいえないと考えるからである。更に、仕事すなわち保険媒介者の業務を離れて私生活にある人を保険媒介者とはいえないのではなかろうか。この点いかがですか。

## 2　遠山聡教授報告について

(1)　本報告の目的と問題の所在について

保険法25条の請求権代位の要件のうちしばしば問題となるのが「移転する被保険者債権の範囲」であり、同条1項は「保険者が支払った保険給付の額と被保険者債権の額のいずれか低い額」につき保険者が代位取得するとしつつ、保険給付の額が「てん補損害額」に不足するときは被保険者債権の額から当該不足額を控除した残額を被保険者債権の額とする旨規定されている。

「被保険者が取得する加害者に対する損害賠償請求権」と「保険契約に基づ

く保険金請求権」は法的には別箇の原因に基づいて生じたものであるので、損益相殺の対象にはならない。それをそのまま別箇のものと割り切れば保険金請求権者（被害者）は保険金を請求し、かつ損害賠償請求権も行使できるということになり、これは明らかに不公平不合理となる。ところで、民法の法定代位の、典型的な場面は、本来「Ｘに対してＹが支払うべき債務をＺがＹに代わって支払って求償権が生じるようなときに、ＸのＹに対する債権をＺが当然に代位する」というものである。

　保険金の請求権と損害賠償請求権の行使とは法的には全く別の原因行為に基づく請求権ではあるものの同一の原因（事故）に基づいて発生する権利という意味では共通する。

　そしてその「損害」の内容が、当該「事故」に因って生じた「損害」であることも共通する。

　そこに保険法25条が請求権代位を規定している理由があると思われる。

　つまり被害者本人が直接加害者に損害賠償請求権を行使する前に、保険者が被害者本人に保険給付した場合に、被害者本人が直接加害者に損害賠償請求権を行使する権利に代位できるということが基本にあると思われ、「利得禁止原則」を中心に規定されたものではないという意味では「当事者の契約意思という見地から請求権代位制度を見直す」考えは的確である。「保険金請求者の権利保護と保険者の利益保護との利益衡量に基づく衡量の理念」から考えることは正しいと思う。

(2)　損害査定基準と請求権代位について

　報告では自動車保険契約中の人身傷害補償保険契約を例に出され、人身傷害補償保険の約款では具体的な損害算定基準が規定されているが、裁判基準よりも低額であることが通例なので、保険者の代位取得と被害者に留保される範囲に違いが生じるところ、「不足額」算定の前提となる「てん補損害額」が条文上明らかではなく問題となる。

　引用のケースでは、①「人傷基準差額説」と②「裁判基準差額説」との考えがあるとし、交通事故によって人身傷害補償保険の被保険者に生じた人身損害が裁判基準では500万円、人傷基準では350万円の損害額が認定されるものとし、被害者の過失１割が減額される結果、加害者には450万円の損害賠償請求がで

き、人身傷害補償保険の保険者には350万円の保険金の請求ができるケースにつき、前記①説によれば、350万円が保険者に移転し、②説によれば300万円に止まるとする。これは結果的には過失相殺分の1割50万円分を①は保険金請求権者（被保険者）が負担し、②は保険者が負担するという結果になり、その分「被保険者の利益が優先された判断」になる。

　しかし報告では、②説によればこの例について「被保険者が加害者からの損害賠償金450万円を先行して受領した場合、保険金は支払わないことになる」ことに疑問を呈する。この点については、最高裁平成24年判決の裁判官も補足意見で、このような事態は「明らかに不合理である」とし、さらに約款の見直しまで示唆されていた。この点については「賠償先行型か人傷先行型かで被保険者が受領する額が同じである必要はない」とする見解、「両者の結果は同じようにするのが解決の前提」とする見解があり（山下友信教授）、人傷基準による損害額を裁判基準による損害額と読み換える後者の見解に沿って約款が改定された。

　思うに、請求権代位の制度は、請求権者とともに請求権者に対して支払った保険者の権利保護も含む規定であって、加害者が保険者に先行して請求権者に支払うケースを想定していないのではないか。

　後者のケースは同法25条の代位請求の問題ではなく、保険者の契約責任をどう見るかの問題に帰着するのではなかろうか。

## 3　潘阿憲教授報告について

　報告書のご指摘のとおり傷害保険契約においては、約款上「急激かつ偶然な外来の事故による身体の傷害」が保険事故として定められている。そこでこの急激性・外来性・偶然性の3要件のうち、「偶然性」の立証責任がどちらにあるかについて意見の対立があり多くの議論がなされてきた。

　①傷害保険に関する最高裁平成13年4月20日判決は「偶然性」の要件につき、保険金請求者が立証責任を負うと判断した。

　他方で、車両保険（損害保険）に関する車両上の盗難事案についての②最高裁平成19年4月17日判決は、「被保険自動車の盗難という保険事故が保険契約者、被保険者等の意思に基づいて発生したこと」（故意性）について保険者が

免責事由として主張・立証すべきであり、保険金請求者は盗難の外形的事実を主張立証すれば足りると判示し、その数日後の③最高裁平成19年4月23日判決は、当該外形的事実は、「被保険者の占有に係る被保険自動車が保険金請求者の主張する所在場所に置かれていたこと」及び「被保険者以外の者がその場所から被保険自動車を持ち去ったこと」と判示した。

その後、転落死による災害死亡保険金の支払いが争われた最高裁平成29年3月10日決定で上告不受理となって確定した④仙台高裁平成28年10月21日判決は、上記平成13年4月20日最高裁判決を引用して、「本件保険契約に基づき、保険者に対して保険金の支払を請求する者は、発生した事故が偶発的な事故であることについて立証責任を負う」と判示した。

他方で、保険者が立証責任を負うとする見解の論拠としては、保険法80条ないし傷害保険約款上の故意免責規定が引用されることが多い。

思うに、法律要件分類説、権利の発生・障害・消滅・阻止を主張する者はそれらの要件事実について立証責任を負うという原則は保険法においても例外ではない。急激性・外来性・偶然性の立証責任は保険金請求者が負担すべきものであり、平成13年最判はその原則を確認したに過ぎない。

そして故意免責は権利（保険金請求権）を消滅させる抗弁として保険者の方にその立証責任がある。保険金請求者が請求原因として「偶然性」を主張・立証し、保険者が故意免責を主張するときは、「故意」を立証することになり、最初から「偶然性」のないことを保険者が立証責任を負えば良いではないかという意見は首肯できなくはない。

だが、法律要件分類説に立てば、保険者が「偶然でないこと」を主張することは、請求原因事実の「偶然性」を保険金請求者が主張・立証することに対する「反証」に過ぎないのであり、「故意」まで立証する必要はない。故意免責を主張するためには「偶然性」を否定するだけではなく積極的に故意を立証する必要がある。

また、「偶然性」の要件は保険金請求者には故意がないことという消極的要件の立証になり困難が伴うことを保険者への立証責任の転換の根拠とする考えにも触れることは多い。

しかし、「偶然」であることを立証することは必ずしも「故意でないこと」

を直接立証することに限られない。この点、前述の平成29年仙台高判（最高裁決定で確定）は「保険金請求者にとって、保険事故の具体的経緯を立証するのが必ずしも容易なものとはいえないこと、一般に人は相応の理由がない限り自死するものではないことに照らせば、保険金請求者としては、発生した事故の態様が、外形的、客観的にみて、被保険者の故意に基づかない原因により十分に発生し得る態様であることを立証すれば、事故の偶然性は推認され、保険者の側で被保険者の自死を疑わせる事情を立証して推認を覆さない限り、当該事故は偶発的な事故であると認められると解すべきである。」と判示している。要するに間接事実の積み上げによって偶発性を立証できるといっているのである。以上のような考えに対してはどのように思われますか。

# コメント2

山下友信

## 1 嶋寺基弁護士報告について

### (1) 告知義務における重要性の位置づけ

　報告では、改正前商法の下で告知義務違反による解除（保険者の抗弁）の要件として位置づけられてきた告知すべき事実の重要性が、保険法では告知義務が自発的申告義務から質問応答義務に変更されたことにより要件事実から外れることになり、そのことが故意の告知義務違反の故意の対象からも事実の重要性は外されるという主張をされているようである。それでは重要性の要件はどのような位置づけになるかといえば、「保険者が自らの危険選択にとっておよそ意味がない事項を質問することは、質問事項としての重要性を欠き、もはや告知事項に含まれないものであるから、この質問に対して真実を回答しなかったとしても告知義務違反に該当することとならない」とされるが[1]、そのことの要件事実上の位置づけはどう考えられるのか。総じて、報告の立論は、保険法の文言の形式的解釈に終始しており、告知義務を自発的申告義務から質問応答義務に変更して告知義務者の負担を軽減するのが改正の趣旨であったにもかかわらず、保険法制定により逆に告知義務が過酷な義務となってしまう危険を内在させているように感じられる[2]。

　なお、故意または重過失を認める裁判例で事実の重要性についての認識が問題とされていないものがあるとされるが、当該事件では保険金請求者が重要性

---

1―嶋寺基「保険法の下での告知義務に関する解釈上の問題――質問応答義務への変更等に伴う商法からの解釈の変容」保険学雑誌643号（2018年）38頁は、個別の事案によっては、例外的に、告知義務違反の形式的要件を満たすものの、危険測定上の影響が少ないため保険契約を解除する必要まではないという場合には、重要性の要件の問題ではなく、解除権の行使自体の信義則違反や権利濫用等の一般法理によって対処することが可能であるとする。

2―報告では、故意との関連で重要性の要件の意義が論じられているが、報告の立場に立つと、告知義務違反で問題となりやすい重過失との関係でも従来の確立した解釈に影響が生じうると考えられる。

の認識がなかったという主張をしていたわけではないし、告知すべき事実の重要性は多くの場合は経験則上認められるので、重要性の認識も訴訟で逐一争われるわけではないということにすぎないのではないか。

(2)　告知妨害の適用範囲

報告では、保険媒介者である生命保険募集人が、告知内容が不実であることを認識しながら、それを正そうとしなかったことが告知妨害に該当する余地があるという私見に反対されている。微妙な告知事実であればともかく誰が見ても明らかな告知義務違反となる告知事項について、生命保険媒介者がそれを知りながら放置していたケースで、もし解釈論として告知妨害に当たらないとするのであれば、改正前商法下の告知妨害事案について解釈論として認められていた使用者責任の類推適用という法理がまた持ち出されることも必要となる。

(3)　因果関係不存在特則の証明

報告では、因果関係不存在特則の適用においては、戦前からの判例の因果関係の不存在をきわめて限定的に解する立場が維持されることでよいとされるが、この判例は、同特則は告知義務の制度の趣旨から合理性が疑わしいという考え方が一般的であった時代のものである。保険法の制定では、同特則は告知義務違反の効果が過大でないようにするための重要な歯止めとして位置づけられたのであり、判例は見直されるべきである。ただ、どの程度の因果関係の証明が求められるかは難問である。

## 2　遠山聡教授報告について

(1)　人身傷害保険における損害の意義

報告では、人身傷害保険における請求権代位の問題に関して、賠償先行型事案における支払保険金額の計算において、損害額は人傷基準損害額により計算すべきものとしていたところ、最判平成24年2月20日（民集66巻2号742頁）を契機として、判決または裁判上の和解により損害額が確定される場合には、その額に読み替える旨の約款改定が行われたことが紹介されつつ、それら以外の示談等の場合に類推適用することのハードルは高いとされている。元々、この問題は、人傷基準と裁判基準とで賠償水準に違いがあることから生じたものであるから、裁判基準が現実的に適用される判決がある場合やそれに準じる裁判

上の和解に限って約款が改定されたことにはやむを得ないものがあるとも考えられる。保険会社の客観的な算定基準による場合に類推適用の可能性を示唆されるが、その客観的な算定基準というのはどのようなものが考えられるのか。裁判基準とは違う基準が考えられているのか。

(2) 対応原則の適用

報告では、損害項目と請求権代位に関しては、車両保険（物保険）においては、項目別比較法によるべきであるとされており、この点は、私見も同じである。ただ、対応原則を各種の保険でどのように適用すべきかについては、なお問題もありそうである。最近利益保険における対応原則に関する裁判例が出ている[3]。営業が休止または阻害されたために生じた損失をてん補する保険であるが、そのてん補される営業損失が喪失利益および収益減少防止費用とから構成され、それぞれの算出方法が定められているものである。対応原則を営業損失全部で適用するか、喪失利益と収益減少防止費用とで別々に適用するかが問題となり、判決は、喪失利益および収益防止費用は営業損失を計算する過程の額にすぎないとして、対応原則は営業損失単位で適用されるものとする。喪失利益と収益防止費用は被保険利益としては別個のものともできるとも考えられるが、判決は併せて一個の被保険利益と見ているのであろう。このように積極保険でも物保険でない利益保険のごときでは被保険利益を契約においてどのように構成するかは一義的でないし、保険における損害額の算定の仕方と損害賠償における損害額の算定の仕方が一致する保証はないので、対応原則の適用には難しい問題がありそうである。この点についてどのように考えられるか。

## 3 潘阿憲教授報告について

報告は、保険法の制定によっても普通傷害保険に関する最判平成13年4月20日（判時1751号171頁。以下、13年最判という）の偶然性に関する立証責任の分配に変わりはないとする立場であるが、保険金請求者の立証の負担を軽減する解釈を採用することについてどのように考えられるか。

自動車車両保険の盗難という事故については、盗難が被保険者の意思によら

---

3—東京地判令和2年6月29日金判1602号40頁。

ない占有の喪失であるとすれば、保険金請求者が意思によらない占有の喪失で
あることの立証責任を負うが、他方で、故意の事故招致は保険者免責事由とさ
れており、約款の構造は傷害保険と共通するともいえる。最判平成19年4月17
日（民集61巻3号1026頁。以下、19年最判という）は、保険金請求者は、外形的
に盗難に当たる事実があったことを証明することを要し、保険者は故意の盗難
という保険事故であることを証明することを要するものとした。約款の構造は
類似するが、13年最判は、故意の事故招致免責規定に存在意義を認めていない。
この2つの判例の違いについてどのように考えられるか[4]。

　傷害保険の偶然性に関する議論において19年最判が参照されることはあまり
ないが、19年最判は、車両保険では盗難を含めてすべての事故を対象とする保
険であることから、故意の事故招致免責規定には意味があり、そのことは盗難
という事故でも妥当するといわざるを得ないから、それでは保険金請求者は何
を証明すればよいのかということになり、その答えが、盗難があったことの外
形的事実を証明すれば足りるということなのであろう。

　傷害保険では、13年最判は故意の事故招致免責規定には存在意義はないとい
う立場をとるので、傷害保険には19年最判は参照できないというのが一応の説
明となる[5]。しかし、それは結論を先取りした議論ともいえ、保険金請求者に
せよ保険者にせよ立証責任を負担させられた側は困難な立証負担を負うことに
なるので、一方的な負担にならないような責任の配分をすることが望ましく、
19年最判は約款の合理的な解釈として、立証責任の分配のあり方を示したもの
として参照されてよいのではないか。

　もっとも、傷害保険でも19年最判と同様の立証責任の分配をした場合に、外
形的に事故であったことの立証として何を求めるかは問題で[6]、たんに転落や
衝突があったということだけでは足りず、請求者の側に偶然の事故であったこ

4―13年最判と19年最判の関係についての検討として、榊素寛「保険事故の要件論を巡る最高裁判
　　例・下級審裁判例・学説の緊張関係」損害保険研究75巻4号（2014年）260頁以下。
5―高橋譲「19年最判解説」最高裁判所判例解説民事篇平成19年度（上）333〜336頁。
6―19年最判に続く最判平成19年4月23日集民224号171頁は、保険金請求者が立証すべき盗難の外形
　　的な事実は、「被保険者の占有に係る被保険自動車が保険金請求者の主張する所在場所に置かれてい
　　たこと」および「被保険者以外の者がその場所から被保険自動車を持ち去ったこと」という事実か
　　ら構成されるものとする。

とを推認させる間接証拠をもっと提出せよということになるのではないかと思われるが[7]、それは請求者とする説による現在の裁判実務で行われているところとあまり変化はなく、ただ請求者とする説を文字どおりに適用すれば裁判官によっては請求者に過度の立証を求めるおそれがないわけではなく、また、保険者とする説をとっても間接証拠による故意の推認の手法は進展していると見られるので、外形説をとることは公平な証明の負担の観点からも合理性があるのではないか。

---

7－山下徹哉「傷害保険契約における傷害概念と免責条項をめぐる諸問題──偶然性と外来性の立証責任を中心に」商事法務2245号（2020年）32頁は、被保険者の主観と分離して立証責任を割り振ることが可能なほどの定型的な外形的事実を設定できない可能性が高いとする。

# 要件事実論・事実認定論 関連文献

山﨑　敏彦

永井　洋士

# 要件事実論・事実認定論関連文献　2020年版

山﨑敏彦

永井洋士

　この文献一覧は、要件事実論・事実認定論を扱っている文献を、これまでと同様に、大きく、要件事実論に関するもの（Ⅰ）、事実認定論に関するもの（Ⅱ）（⑴民事、⑵刑事、⑶その他）に分けて、著者五十音順・発行順に整理したものである。収録対象は、ほぼ2019年末から2020年末までに公にされた文献である。関連文献の取捨・整理における誤り、重要文献の欠落など不都合がありはしないかをおそれるが、ご教示、ご叱正を賜りよりよきものにしてゆきたいと考える。

## Ⅰ　要件事実論

伊藤滋夫 編

　『憲法と要件事実［法科大学院要件事実教育研究所報第18号］』（日本評論社、
　2020年3月）

伊藤滋夫

　「要件事実・事実認定論の根本的課題──その原点から将来まで（第26回）
　法定債権・本連載のまとめ：新民法（債権関係）における要件事実の若干の
　問題」ビジネス法務20巻3号127頁以下（2020年3月）

伊藤滋夫

　「要件事実・事実認定論の根本的課題──その原点から将来まで（第27回）
　要件事実論における基本的視点：要件事実論の視点からみた所得税法」ビジ
　ネス法務20巻5号139頁以下（2020年5月）

伊藤滋夫

　「要件事実・事実認定論の根本的課題──その原点から将来まで（第28回）
　要件事実論における基本的視点②：要件事実論の視点からみた所得税法」ビ
　ジネス法務20巻 9 号152頁以下（2020年 9 月）

伊藤滋夫

　「要件事実・事実認定論の根本的課題──その原点から将来まで（第29回）
　『所得区分』というものの持つ意味：要件事実論の視点からみた所得税法」
　ビジネス法務20巻11号148頁以下（2020年11月）

大江忠

　『第 4 版　要件事実民法(7)　親族〈補訂版〉』（第一法規、2020年 2 月）

大江忠

　『要件事実国際私法(1)　国際取引法』（第一法規、2020年12月）

大江忠

　『要件事実国際私法(2)　国際家族法・準拠法の適用過程』（第一法規、2020年
　12月）

大江忠

　『要件事実国際私法(3)　国際民事手続法』（第一法規、2020年12月）

岡口基一

　『要件事実マニュアル 1 　総論・民法 1 （第 6 版)』（ぎょうせい、2020年12月）

岡口基一

　『要件事実マニュアル 2 　民法 2 （第 6 版)』（ぎょうせい、2020年12月）

岡口基一

『要件事実マニュアル 3　商事・手形・執行・破産・保険・金融・知的財産（第 6 版）』（ぎょうせい、2020年12月）

岡口基一

『要件事実マニュアル 4　過払金・消費者保護・行政・労働（第 6 版）』（ぎょうせい、2020年12月）

岡口基一

『要件事実マニュアル 5　家事事件・人事訴訟（第 6 版）』（ぎょうせい、2020年11月）

岡口基一

『要件事実問題集（第 5 版）』（商事法務、2020年 8 月）

嘉多山宗

「コメント 2 」伊藤滋夫編『憲法と要件事実［法科大学院要件事実教育研究所報第18号］』146頁以下（日本評論社、2020年 3 月）

小山弘

『ながめてわかる！　認定考査対策と要件事実の基礎──司法書士　特別研修（第 3 版）』（日本加除出版、2020年 1 月）

司法研修所 編

『新問題研究　要件事実　付─民法（債権関係）改正に伴う追補─』（法曹会、2020年 8 月）

巽智彦

「〔講演 1 〕憲法関係の訴訟における事案の解明」伊藤滋夫編『憲法と要件事実［法科大学院要件事実教育研究所報第18号］』 5 頁以下（日本評論社、2020年 3 月）

巽智彦

　「〔講演 1 レジュメ〕憲法関係の訴訟における事案の解明」伊藤滋夫編『憲法と要件事実［法科大学院要件事実教育研究所報第18号］』102頁以下（日本評論社、2020年 3 月）

田中晶国

　「所得税法における要件事実——収入金額および必要経費の主張・立証とその推認構造」法政研究86巻 3 号77頁以下（2019年12月）

田中豊

　『論点精解　改正民法』（弘文堂、2020年 7 月）

田村伸子

　「不動産使用貸借の終了原因と要件事実」花房博文・宮﨑淳・大野武 編『土地住宅の法理論と展開　藤井俊二先生古稀祝賀論文集』371頁以下（成文堂、2019年12月）

佃克彦

　「〔講演 3 〕名誉毀損・プライバシー侵害の要件事実」伊藤滋夫編『憲法と要件事実［法科大学院要件事実教育研究所報第18号］』47頁以下（日本評論社、2020年 3 月）

佃克彦

　「〔講演 3 レジュメ〕名誉毀損・プライバシー侵害の要件事実」伊藤滋夫編『憲法と要件事実［法科大学院要件事実教育研究所報第18号］』127頁以下（日本評論社、2020年 3 月）

並木茂

　『要件事実原理』（信山社、2020年 1 月）

日本行政書士会連合会中央研修所 監修

　『行政書士のための要件事実の基礎（第２版)』（日本評論社、2020年６月）

長谷川記央

　「不服審判制度に係る併合審理等の諸問題——要件事実と争点主義的運営を
　中心として」租税訴訟13号104頁以下（2020年７月）

御幸聖樹

　「〔講演２〕憲法訴訟と要件事実論の接続可能性」伊藤滋夫編『憲法と要件事
　実［法科大学院要件事実教育研究所報第18号]』27頁以下（日本評論社、2020
　年３月）

御幸聖樹

　「〔講演２レジュメ〕憲法訴訟と要件事実論の接続可能性」伊藤滋夫編『憲法
　と要件事実［法科大学院要件事実教育研究所報第18号]』112頁以下（日本評
　論社、2020年３月）

安井和彦

　「入門　課税要件と証拠の論理——税務争訟における審判所・裁判所の考え
　方（第１回）課税要件事実と間接反証」税経通信75巻10号10頁以下（2020年
　９月）

安井和彦

　「入門　課税要件と証拠の論理——税務争訟における審判所・裁判所の考え
　方（第２回）証拠とその証明力」税経通信75巻11号133頁以下（2020年10月）

安井和彦

　「入門　課税要件と証拠の論理——税務争訟における審判所・裁判所の考え
　方（第３回）証拠としての文書の持つ証明力」税経通信75巻12号107頁以下
　（2020年11月）

安井和彦

　「入門　課税要件と証拠の論理——税務争訟における審判所・裁判所の考え方（第 4 回）審判所が相基通 9 - 9 を事実上の推認の取扱いを定めたものとして原処分を取り消した事例」税経通信75巻14号10頁以下（2020年12月）

山本和彦

　「『論証責任論』に関する一考察」三木浩一・山本和彦・松下淳一・村田渉編『民事裁判の法理と実践（加藤新太郎先生古稀祝賀論文集）』193頁以下（弘文堂、2020年 9 月）

吉川昌寛

　「面会交流事件と要件事実論に関する一考察」判例タイムズ71巻 4 号31頁以下（2020年 4 月）

渡辺康行

　「コメント 1 」伊藤滋夫編『憲法と要件事実［法科大学院要件事実教育研究所報第18号］』140頁以下（日本評論社、2020年 3 月）

## Ⅱ　事実認定論

　(1)　民事

伊藤滋夫

　『事実認定の基礎——裁判官による事実判断の構造（改訂版）』（有斐閣、2020年 9 月）

伊藤滋夫

　「要件事実・事実認定論の根本的課題——その原点から将来まで（第30回）最近の事実認定論における若干の課題」ビジネス法務21巻 1 号152頁以下（2021年 1 月）

田中豊

『紛争類型別　事実認定の考え方と実務（第 2 版）』（民事法研究会、2020年 2 月）

(2)　刑事

阿部泰雄・堀井実千生

「北陵クリニック事件　科学的法則に反する事実認定は自由心証主義の濫用ではないか」再審通信120号43頁以下（2020年11月）

植村立郎 編

『刑事事実認定重要判決50選（第 3 版）（上）』（立花書房、2020年 3 月）

植村立郎 編

『刑事事実認定重要判決50選（第 3 版）（下）』（立花書房、2020年 3 月）

植村立郎

『実践的刑事事実認定と情況証拠（第 4 版)』（立花書房、2020年 9 月）

太田勝造

「『被告人が犯人でないとしたならば合理的に説明することが極めて困難な間接事実』について——事実認定・心証形成の合理的理論からの一考察」法律論叢92巻 4 ・ 5 号37頁以下（2020年 2 月）

熊代雅音

「刑事事実認定についての 2 つの小考察——近時の最高裁判例を手掛かりとして」東京大学法科大学院ローレビュー14号194頁以下（2019年12月）

杉本正則

「刑事事実認定重要事例研究ノート（第45回）強制性交等罪の暴行・脅迫要件の認定について（宮崎地裁平27. 12. 1判決、福岡高裁宮崎支部平29. 2. 23判

決）」警察学論集73巻3号162頁以下（2020年3月）

高山巌

「検証刑事裁判（第6回）SBS理論の適用の在り方と消去法的な事実認定の危険性」季刊刑事弁護102号146頁以下（2020年4月）

宗岡嗣郎

「事実認定における『真偽』の判断基準——伝統的真理論をふまえて」久留米大学法学82号15頁以下（2020年9月）

平出喜一

「刑事事実認定重要事例研究ノート（第44回）犯人隠避罪における『隠避させた』の意義について」警察学論集73巻1号147頁以下（2020年1月）

(3)　その他

北村豊

「事実認定で決まる審査請求——最新認容裁決例から分かること（国税不服審判所平成30.4.13、国税不服審判所平成30.8.23、国税不服審判所平成31.3.14）」租税研究851号79頁以下（2020年9月）

柴由花

「贈与税における贈与事実の認定」椙山女学園大学研究論集　社会科学篇51号71頁以下（2020年3月）

古矢文子

「役員賞与——現在の事実認定は過去の否認事例にあり（特集　歴史のない税務は不幸である　役員給与否認史）」税務弘報68巻6号19頁以下（2020年6月）

八ツ尾順一

「重加算税の法理と隠蔽・仮装の事実認定のあり方（特集　重加算税賦課の傾向と是否認ポイント）」税理63巻14号12頁以下（2020年11月）

吉田正毅

『税務調査対応の「事実認定」入門』（ぎょうせい、2020年12月）

**田村伸子**（たむら・のぶこ）

法科大学院要件事実教育研究所長・創価大学法科大学院教授・弁護士
1994年　創価大学法学部卒業
1996年　司法修習生（50期）
1998年　弁護士登録（東京弁護士会）
2004年　法科大学院要件事実教育研究所研究員
2007年　創価大学法科大学院講師、2019年〜現在　創価大学法科大学院教授
2015年　中央大学大学院法学研究科博士後期課程修了（博士）
2020年　法科大学院要件事実教育研究所長

主要著作
伊藤滋夫編著『要件事実小辞典』（共著、青林書院、2011年）

ほ けんほう　　ようけん じ じつ
**保険法と要件事実**［法科大学院要件事実教育研究所報第19号］

2021年3月30日　第1版第1刷発行

編　者——田村伸子（法科大学院要件事実教育研究所長）

発行所——株式会社日本評論社
　　　　　〒170-8474 東京都豊島区南大塚3-12-4
　　　　　電話03-3987-8621（販売）　FAX03-3987-8590　振替　00100-3-16
印　刷——精文堂印刷
製　本——井上製本所

Printed in Japan © TAMURA Nobuko　装幀／図工ファイブ
ISBN 978-4-535-52553-5